和華 第35号

特集 GO! 日中留学

JN023592

日中留学から世界へ羽ばたく

本号では日中国交正常化50周年を記念して、「留学」というテーマから、この50年間の人的往来を振り返る特集を企画した。日中国交正常化後、日中両国の公的な人的往来が復活した。その後も中国の改革開放、日中平和友好条約締結、日本政府の対中ODA実施など、時代ごとの様々な事柄が後押しし、日中両国で数多くの人が往来を果たした。この往来を促進し、また支えてきたのは日中両国の言語、文化、国情に精通した人たちであり、その多くは留学を通して輩出されたと言っても過言ではない。

新型コロナウイルス感染症の世界的な大流行後は、一時的に日中の留学ビザ発給が停止されるも、オンラインという新たなツールを活用して相互交流を絶やすことなく続けてきた。本誌の取材を続けていた2022年8月23日付で、ついに中国側が外国人留学生への留学ビザ申請受付の回復を宣言し、2年以上に渡った日中相互間の留学往来が復活したことは、非常に喜ばしいことだ。

本特集では、日中留学に関するこれまでの歩み、留学経験者の体験談、教育機関の中国語教育や留学制度、留学サポート機関による学術や生活面でのサポート制度、奨学金発給機関の歴史など、留学に関係する総合的な取材を行い、1冊にまとめた。さまざまな視点からの留学、そして日中両国政府が重要視している青少年交流について、第一人者たちの意見も掲載されている。

これまで留学したことのある人、これから留学を考えている人もそうでない人も、そしてコロナ禍の影響で留学を諦めてしまったあなたへ。本特集号を読んで、留学に対する期待や希望を再び抱いていただければこれに勝る喜びはない。

留学は世につれ
世は留学につれ

近代留学の幕開け 1900-1948

日本⇄中国 日中両国で経済大国を目指す

時代背景 19世紀まで東アジアでは中国の皇帝を頂点として朝貢に基づく冊封体制が確立されていた。しかし明治時代、東アジアでは列強による植民地競争が激化、欧米指向だった日本はその脅威に対し東アジアへ目を向ける必要があった。1871年、明治政府は文部省を設立し、そこが留学生事務を管理することになった。同年、明治維新後初めての中国留学として、佐賀藩と薩摩藩から第一期の「清国留学生」が中国に渡った。これらの留学生は中国語を学ぶ事や中国の国情を調査することを目的としており、もともと漢学の基礎知識を備えている者もいた。その後陸海軍、外務省や大蔵省、企業や銀行、中国関連の団体が中国へ留学生を派遣することになり、学術的留学も増えていく。

留学生活 後に平凡社刊〈中国古典文学全集第1巻〉『詩経・楚辞』をはじめ数々の漢詩を訳すことになる中国文学者の目加田誠氏が1933年に北京留学をした日記『目加田誠「北平日記」―1930年代北京の学術交流―』が残されている。読書と古書店めぐりが生活の大半を占める中、しばしば北京の中心部にある繁華街、王府井にあった「東安市場」という市場（現在のデパート「新東安市場」）に出かける様子が描かれている。文房具や日用品を買ったり喫茶店でおしゃべりしたり、友人と気軽に連れ立っていく場所であった。また北海公園でスケートをする様子が比較的多く記録され、北京ダックを食べたり映画を見に行く様子も描かれていた。

七三分け

北京の冬は寒いので厚着

湖が凍ってできた自然のスケートリンクでスケートを楽しむ

目的：語学・文化・学問を学ぶ事で中国の国情や社会を理解する。経済交流を進め日本と中国の両国が経済大国になることで列強に対抗する。

日常：方言が多種多様な中国で、北京語を学ぶ事が必須だったが20世紀当初はまだ語学専門の学校や個人教師が少なかった。学者を訪問したり本を探し買い求めるのが日常だった。

遊び：名所旧跡の遊覧や芝居見物など。繁華街に出て喫茶店で話したり買い物をする。

日本と中国の交流は古くからあるが、いわゆる現在イメージするような近代の「留学」が始まってから、各時代において日中の留学生たちはどのような思いで海を渡り、どのような生活をしていたのだろうか。近代において初めて中国の留学生が日本に渡ったのは1896年のことだった。ここでは1900年から現代までの留学風景を振り返る。

文 /『和華』編集部
写真 / CNSphoto
　　　『和華』編集部
イラスト / 青溥
参考文献 / 巻末参照

中国 → 日本　近代化を目指し熱い議論を交わす

時代背景　中国の日清戦争での敗北と日本の明治維新の成功は、多くの（革命を志す）中国人を覚醒させ、近代化のためには日本に学ぶ必要があることを意識させた。両国は生活習慣も近く、漢字の使用も共通しており、留学費用も欧米より安い。そこで1896年、清政府は13名の留学生を日本に送り出し、中国人青年の日本留学への道を開いた。周恩来、李大釗（りだいしょう）、陳独秀（ちんどくしゅう）、魯迅、秋瑾（しゅうきん）などが留学実現の先駆者となった。その多くは嘉納治五郎が創った弘文学院で学んでいる。科挙制度の廃止と相まって、1906年日本に留学する中国人学生は8000人にのぼった。1911年以降、武昌起義、辛亥革命、「対華21ヶ条」など革命運動が多発する中、帰国を希望する留学生もいた。

留学生活　この時期の中国人留学生の代表的人物である周恩来は、留学生活のことを『十九歳の東京日記』にこう記している。「毎日勉強に13.5時間、休憩やその他のことに3.5時間、睡眠に7時間」来る日も来る日も東亜高等予備学校と下宿先を往復していた。受験のストレスを減らすため、日比谷公園を散歩したり上野に桜を見に行ったという記録もある。また浅草で映画を計6回見たという記録があり、たびたび早稲田大学で学ぶ同級生を訪ね先進思想に触れ傾倒したり、書店で『新青年』などの本を読んだりしていた。また、現在の神田にある中華料理屋、漢陽楼で美味しい焼き豆腐と獅子頭（肉団子料理）を食べたというのも有名なエピソードだ。

目的：中国の近代化のために、日本で西洋の先進思想と明治維新の成功体験を学ぶ。

日常：勉強時間は長く、それ以外の時間も革命のため先進思想を学び、祖国を思い日夜議論に励む。

遊び：勉強の合間に気分転換に散歩に出たり桜を見る。外食したり映画を見たりする。

「長衫」と呼ばれる丈の長い伝統的な男性用中国服。

藤（とう）のスーツケース

布靴

留学低迷期から回復期へ　1949-1979

日本
Ｚ→中国

日中国交正常化が中国留学の道を開く

時代背景　1945年に第二次世界大戦が終了、日本は敗戦国となった。戦後の混乱期においては、日中の国交も回復されておらず、留学も低迷した時期であった。しかし国内では1950年に日中友好協会、1954年に日本国際貿易促進協会、1956年に日中文化交流協会と相次いで民間団体が設立され、日中交流の窓口となり、1972年の国交正常化実現に大きく貢献した。日中国交正常化が実現した当初はまだ日本の大学でも中国人留学生を見ることはなく、中国留学も端緒を開いたばかりであったが、1978年に日中平和友好条約が締結、その後大平正芳内閣の対中ODA実施に伴い、日本の世論は中国に注目し、私費や企業派遣による中国留学が活発化していった。

留学生活　新中国建国当初、中国に留学した学生は東側諸国、いわゆる社会主義国からの留学生が多かった。当時留学生を受け入れる大学の数は数少なく、基本的には1年間中国語の基礎を身につけたのち、専門分野に進むのが一般的だった。日本はといえば独自のルートで中国に留学するケースもあったが、中国政府を通して公式に派遣を行ったのは1974年の日中友好協会派遣留学が最初とされる。70年代に派遣された学生の手記には、文化大革命中は大学での講義の他に、人民公社に出向いて農業や労働の体験をしたと記されている。また当時は外国人専用の友誼商店があり、そこで生活に必要な物品を兌換券で購入していた。
（だかんけん）

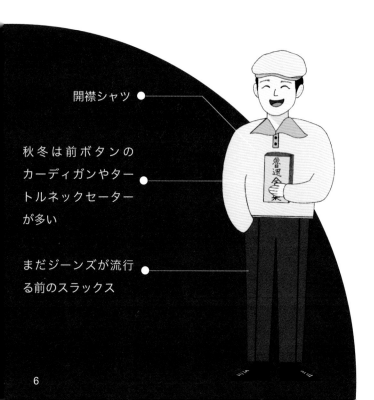

開襟シャツ

秋冬は前ボタンのカーディガンやタートルネックセーターが多い

まだジーンズが流行る前のスラックス

目的：中医学や中国の歴史を学ぶ。中国とのビジネスを見越して中国へ学びに行った。

日常：1974年の日中友好協会の派遣が始まった当初は語学を熱心に学んですぐに上達し、服装や性格まで中国の影響を受けていた。

遊び：映画などの課外活動のほか、天安門や故宮を見学したりした。

中国⇄日本 新中国成立で帰国ブーム

時代背景 1949年の新中国成立は中国人留学生の間に帰国ブームを巻き起こした。1958年までに日本から帰国して社会主義の建設に参加した華僑、留学生は4000人余、その数は当時の日本華僑と留学生全体の10分の1に及んだ。1972年に日中国交正常化が実現すると中国で日本語学習ブームが起こる。しかし1972年から1978年の間、中国人の日本留学はわずか23人だった。1978年になると、中国では改革開放が行われ、積極的に留学生を派遣するようになった。1979年3月、長春の東北師範大学に「中国赴日本国留学生予備学校」が設立されてから中国の日本留学は一気に活性化することになり、日中教育交流の新たな章の幕が開いた。

留学生活 この時期に日本に留学したのが中国留日同学総会主席も務めた韓慶愈氏である。中学3年生にして「満州国中等学校留学生」に選ばれた韓氏は日本留学を果たした。最初は茨城太田中学校で学び、その後2年間の骨身を惜しまぬ勉強の末、東京工業大学に入学して建築を学んだ。同氏は留学の期間中は積極的に学生の活動に参加し、華僑による新聞社『国際新聞』でも記者をしていた。また積極的に華僑の帰国に付き添っている。韓氏は元々帰国して新中国の建設に身を投じる事を一心に願っていたのだが、廖承志氏の励ましのもと、日本に留まり、現地の華僑に尽くすことを選択した。そして在日華僑華人の中国語新聞『大地報』の立ち上げ準備に尽力した。

目的：日本語の勉強のため、また先進思想を学ぶため。

日常：救国運動に身を投じ、また新中国建設のため、多くの留学生が帰国した。日本から戻った留学生たちは日中友好運動の最前線で活躍して日中国交正常化の回復に大きく貢献した。

遊び：日本の知識や技術を学ぶべく、もっぱら勉学に勤しむ。また日本人学生と一緒に交流する。

留日同學救亡會

- オールバック
- 服装が一変してスーツやシャツ、スラックス
- 革靴

経済発展に伴う留学隆盛期　1980-2000

日本→中国　よく学び、よく遊び、中国生活を満喫

時代背景　日中平和友好条約締結後、日中各県・省レベルでの友好都市締結が増え、日本国内でも日常的に中国人と交流する機会が増えた。この出来事と上述した ODA の影響で、1980 年代から日本での中国語学習者や留学希望者の増加が顕著になった。私費留学はもちろんのこと、大学同士の交換留学や短期留学、数週間ほどの研修などの希望者も増加の一途をたどった。その結果、1992 年までの中国における留学生国別総数では日本が 1 位を独占していた。当時は中国の大学でも日本人受け入れが始まったばかりで、留学生受け入れ専門の部署を設け、授業以外のアクティビティの準備をするなど熱心に日本人留学生の誘致に取り組んだ。

留学生活　日中友好協会の会報『日本と中国』には第一期公費留学生の代から定期的に体験談が掲載されていた。それによると留学生はベッド、机、たんす、魔法瓶などが揃った寮で毎日中国語を 4 時間勉強するほか、週に 1 回、体育の授業や解体前の人民公社への訪問があり、現地の中国人と一緒に労働を行っていたという。また朝の中国武術体験や、観劇・映画、スポーツなどの課外活動もあったようだ。一方 1995 年の留学体験者の話を聞くと、大学の近くに行きつけの店があり、お酒を楽しみながら交流を深めていた様子がうかがえる。現地学生と互いに自国の言語を教え合ったり一緒に遊んだりするいつの時代も変わらぬ留学生の日常風景は、この時期に定着したといえよう。

真ん中分けの髪型多め

柄物セーターとショルダーバッグ

ローファー、スニーカーなど

目的：中国語、中国文化を学ぶ。

日常：留学生が中国人学生に日本語を教え、かわりに中国語を教わる「相互学習」が活発に行われた。

遊び：それぞれの大学に留学生行きつけの店があり、留学生が遊びに行くエリアは例えば北京では「三里屯」や「五道口」が多かった。

中国→日本　バブル経済の日本でも祖国発展を願う苦学生

時代背景　鄧小平氏主導の改革開放が進むにつれて、中国は国策として全世界に留学生を派遣するようになり、再び日本留学ブームが起こるきっかけとなった。おおまかな統計によれば、1979 年から 1981 年の間に中国政府が全世界に派遣した公費留学生の総数は、6000 人余りに及んだという。

　その中で日本へは、文化的・地理的距離の近さや漢字使用等の優位性、そして当時の日中間の莫大な経済格差を理由として、私費留学に訪れる中国人も現れた。多くの中国人はバブル経済の追い風に乗った日本から多くの技術を学び祖国の発展に貢献しようと思い、アルバイトで学費や生活費を稼ぎながら学業と研究に勤しんだ。

留学生活　『当代中国留学政策研究 —1980-1984 年赴日国家公派本科留学生政策始末』（世界知識出版社）によれば当時日本の中国人留学生は非常に少なく、日本に留学した学生の中には大学学長の接待を受けるだけでなくメディアが取材に訪れる人もいたという。国費留学生の専攻は国によって指定され、その多くが理工学科であった。一部の学生は学校の宿舎や日中友好会館後楽寮等の留学生専門の寮に居住し、日中友好協会が紹介したホームステイ受け入れ家庭に居住する学生もいた。生活費は駐日中国大使館が担い毎月 6 万 2000 円が支給され、1980 年代には 8 万円に引き上げられた。この時期の留学生アルバイトといえば、まず中国語を教えること、或いは翻訳であった。

目的：日本の現代先進技術を学び、海外に行って視野を広げるため。またお金を稼ぐため。

日常：日本と中国の経済格差は大きく、勉強以外の時間に留学生は学費・生活費を稼ぐためにアルバイトをしなければならなかった。

遊び：アルバイトをする時間が多いため現地の日本人との交流も多く、遊ぶ機会も増える。

○ 髪の色は黒

○ G ジャンスタイル

○ 大きなボストンバッグ

新たな留学モデル 2001-2022

日本→中国 スマホが手放せない超IT留学生活

時代背景 2000年以降SNSが急激に発展、生まれたときからネットがあった新世代が育っていた。この時期は日本と中国の大学協定校が増えた時期で、日本では大学のグローバル化の動きにあわせて留学を必修とする大学も増え始めた。私費留学から大学の交換留学が増えたことで、総数としての留学生数が大幅に増加した。2008年には北京オリンピックが開催される。中国のGDPが世界第2位に躍り出たのが2010年、2000年からみれば約5倍になっていた。その頃日本の中国留学はピークを迎えていた。そして2020年からは新型コロナウイルスの影響でオンライン留学を余儀なくされていたが、このほど2022年8月23日付で留学ビザの申請が復活した。

留学生活 中国国内の経済発展に伴い、街中の様子は日々めまぐるしく変化し、今ではスマートフォン、PCが無ければ生活することさえ不可能になった。大学の講義はパワーポイントを使い、クラスの連絡や資料の受け渡しはWeChatなどのSNSを通して行うようになった。日常生活も携帯アプリを通して全て完結するため、文明の発展を感じるとともに、昔ながらの屋台や露店、市場での値引き交渉も少なくなり、留学生と地元に住む中国人との間に物理的な距離が生じることになった。コロナ禍においては、一部留学生は中国に留まったが、外出制限などの行動制限を課されたり、学内にいながらオンラインで講義に参加することになったケースもある。

大ぶりの襟やリボン

ロングスカートが流行り

オシャレブーツ

目的：中国ドラマやアイドルを好きになることで中国に興味を持つ。メディアの情報ではなく現地でリアルな中国を体験したい。

日常：スマホやPCが必須。ネットですべてが完結し、人との接触が減る。

遊び：中国人や外国人のクラスメートとビリヤードやバー、そして中国各地や世界の美食を味わえる店にくり出す。新しくできたインスタ映えスポットで撮影なども。

中国 Z→日本　日本語を話せなくても留学したい！

時代背景　新時代の留学生は低年齢化の傾向があり、高校を卒業後に直接日本に留学する学生や、小学校や中学校から留学するケースも徐々に増えてきた。中国経済の発展に伴い、留学費用を工面できる家庭も増え、今までのような１級、２級都市以外にも、地方都市から日本に留学する学生も目立つようになった。このように日本留学は大衆化の様相を呈し、留学生数も増え続けた。2020 年までには、日本に留学する中国人学生は 12 万人に達した。この時期の日本留学に対する目的も、以前とは変化している。学問の目的以外にも、多くの学生が異国の生活を味わいたい、日本のサブカルチャーが好きなどの、個人的な趣味志向で理由で日本留学を選択するようになった。

留学生活　大学院留学以外にも学部留学が増えた。また文部科学省が 2008 年に策定し 2020 年まで続いた「留学生 30 万人計画」によって、日本語は使わず英語だけで留学できるコースが誕生し、日本語を話せない留学生も登場。新世代の留学生は多くが裕福な家庭に生まれており、アルバイトをする必要がない、あるいは頭脳労働を選ぶ傾向があり、また旅行にもよく出かける。新世代の留学生の消費習慣に合わせ、日本の華人華僑は中国で人気の脱出ゲームや KTV（中国語カラオケ）、ミュージックバーをオープンして留学生を引きつけ、「一秒帰国」の体験を味わえるよう工夫している。また新世代の留学生は渋谷のハロウィンパレードなど日本の娯楽活動にも積極的に参加している。

目的：海外に出て視野を広げたい。日本のアニメやエンタメ文化に触れるため。

日常：アルバイトよりもハイレベルのインターンを探す。中国人留学生が多いため、常に彼らと一緒にかたまって遊ぶ傾向がある。そのため現地の人との交流が薄くなりやすい。

遊び：中国人が経営する料理店やバー、脱出ゲームによく行く。渋谷ハロウィンパレードなど、地域のエンターテインメントイベントにも積極的に参加する。旅行やキャンプ等のアウトドア。

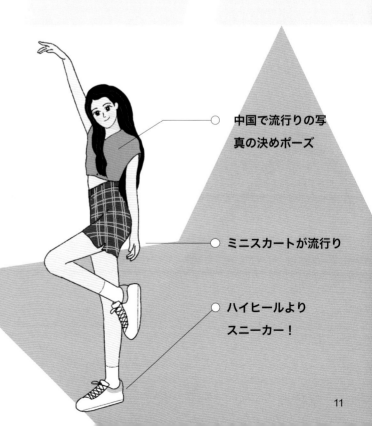

中国で流行りの写真の決めポーズ

ミニスカートが流行り

ハイヒールよりスニーカー！

第一部
留学成功体験を聞く

冒頭に記した通り、1972年に日中国交正常化が実現してから、民間交流や経済交流がより促進された。日本側からは、1974年の日中友好協会派遣中国政府奨学金生を皮切りに、日本政府や企業、大学からの派遣、私費での留学など、様々な形での留学がスタートした。中国からはというと、1975年に程永華前中国大使も参加した政府派遣留学が第一陣として、1979年に東北師範大学内に日本留学予備学校が設立されてからは毎年数多くの公費、そして私費での留学生が日本に留学することになった。第一部ではそんな日中両国の留学経験者の中から、現在日中の最前線で活躍する代表的な人物へのインタビューを行った。留学のきっかけ、留学生活のエピソード、留学を通して学んだこと、留学体験から現在の活躍に役立っていることや中国との繋がりなど、幅広くお話をうかがった。

日中国交正常化50周年 の記念すべき年に
これまでの 先人たちの交流 を振り返る

在中華人民共和国日本国大使館　垂秀夫特命全権大使特別インタビュー

たるみ　ひでお
垂　秀夫

在中華人民共和国日本国大使館　特命全権大使

1961年、大阪府生まれ。京都大学法学部卒業。1985年4月外務省入省、1986年南京大学留学。在中華人民共和国日本国大使館勤務、アジア大洋州局中国・モンゴル課長、大臣官房総務課長、アジア太洋洲局審議官、大臣官房長などを歴任し、2020年9月より現職の在中華人民共和国日本国大使館特命全権大使を務める。

INTERVIEW

Q. 中国や中国語に興味をもつようになって、南京大学に留学することになった経緯、そして留学時代の思い出や面白いエピソードについてお聞かせいただけますか。

　私が南京大学を留学先に選んだのは、当時、中国の地方都市で生活してみたかったという気持ちが強かったことが大きくありました。将来、北京で勤務することになると考えていた私は、中国のことを理解するためには複眼的、全面的に見る眼を養う必要があると思っていました。そうした思いから、北京でなく、地方の都市で生活・留学を体験するために、南京大学に行くことを決めました。

　私の留学時代の南京の印象は、中山路の街路樹に生い茂るきれいなプラタナスの木です。当時の南京はとても美しい街でありました。また、中国人ルームメートと一緒に中国国内を旅行してまわったことも、とても良い思い出です。80年代当時の中国は、ホテルの部屋も汽車の切符も外国人とは別々に分けられていたのですが、ルームメートと知恵を絞りながら、何とか共に旅を続けられたことは昨日のことのように思い出されます。

Q. 留学によって相手国に対するイメージはどのように変わりましたか、また留学の経験は現在の仕事やライフスタイルにどのように活かされているでしょうか。

　先ほども紹介した中国人のルームメートは、当時、学生寮の同じ部屋で寝食を共にしたわけですが、彼との共同生活を通じ中国人の考え方や価値観、生活スタイルを知るようになりました。そして、日本人と中国人は、見た目は似ているけれども、思考方法や価値観は大きく異なっていることを実際の生活を通じて知ることはとても貴重な経験でありました。

　また、留学時代に汽車やバス等を使って、北は黒竜江省から南は海南島、西は新疆まで、たくさんの土地を旅行してまわりました。中国は場所によって、それぞれ生活様式や習俗も違いますし、方言も全く異なります。当時、地方をめぐって感じたのは、中国を大きな視点で見るためには、やはり北京や上海等の大都市を見ているだけでは不十分だということでした。

　こうした当時の経験は、中国や中国人を多面的で全面的に理解していく上で大きな助けとなりました。

留学時代の写真（右）

2022 年 6 月、中日友好青島柔道館の視察

Q. これまで約 40 年近く中国を見てきた中で感じる、中国の変わった部分と変わらない部分についてお聞かせください。また、中国の魅力はどこにあると思われますか。

中国の変わった部分については私が説明するまでもないでしょう。私の留学した 80 年代は、まだまだ多くの人が人民服を着て、自転車に乗って通勤・通学するという風景が一般的でした。今や、その頃の面影は全くありません。大都市ではたくさんの高級自動車が走り、また、地下鉄網も網羅されています。人々の服装も多様化して、キャッシュレス決済が普及する等、中国の変化と発展のスピードは目覚ましいものがあります。

他方、中国の変わらない部分と言えば、私にとってそれは「人」だと思います。一人ひとりの人間としての温かみ、優しさ、そして真の友人となれば自らが犠牲となることも厭わないような義侠心にも似た気持ち、私がこれまでに出会い、交流をした中国の方々の多くはそうでした。そして、こうした部分は今の中国の方々の中で、いつまでも変わらずにあると信じています。日本と中国の間には、何千年にも及ぶ助け合い（相幇相助）の歴史がありますが、そうした助け合いの歴史はこれからも続いていくものと信じています。

Q. 留学事業を含む日中青少年交流の発展に関し、オンラインが中心となっているここ数年を含め、これまでの成果をどのように評価されますか。また、両国青少年交流における課題と対策についてのお考え、そして、今後の両国青少年交流への期待と願望についてお聞かせください。

日中国交正常化 50 周年に際し、岸田総理大臣と習近平国家主席との間で確認された、建設的かつ安定的な日中関係を構築していく上で、青少年交流をはじめとする人的交流の重要性については、論を待ちません。北京冬季五輪において、スノーボードの金メダリスト・シャオミン（蘇翊鳴）と佐藤コーチの交流が日中両国で大きな感動を生んだことは、多くの人の記憶に新しいと思います。

青少年交流として、留学生交流のほか、日本は青少年間の相互理解の促進と友好的感情の増進を図るため、2019 年まで毎年、中国の青少年を日本へ招へいし、日本的な「価値」に触れるとともに、青少年間の相互理解を深める「日中青少年交流事業」を実施して参りました。

留学、青少年交流事業のいずれも広く青少年交流と捉えられますが、新型コロナウイルス感染症の影響により、こ

2021年3月、南開大学での講演

ういった招へいを伴う交流は、中止・延期を余儀なくされ、オンライン交流への移行など現状に応じた交流に変わっています。事実、2020年からは、全てのプログラムがオンライン交流になっています。ただ、その中でも、高校生同士が各々の地域の良さについて英語を使いオンライン上で熱心に紹介する姿はとても印象的であり、また、大学生同士が環境や防災といった両国に共通する社会問題について小グループにて熱心に議論する姿や、農業従事者や教員等の専門的知見を有した社会人同士が互いの先駆的な取組につき熱心に意見交換する姿は、日中の相互理解のため、コロナ禍においても交流する必要性、その意義を強く感じさせるものでした。オンラインには限界もありますが、交流自体が継続されていることには大きな意義があると思います。

　一方、実際に自分の目や耳で現場を体験し、顔と顔を付き合わせて議論する経験は、より深い印象と理解を得られます。日中間の国民感情改善のためには、一人でも多くの人に相手国を直接訪問してもらう必要があり、特に、将来の日中関係を担う青少年の交流が重要であることは言うまでもありません。

2022年8月、日中国交正常化 50 周年記念
日中合同写真展『 永遠の隣人 』閉幕式

Q. 日中青少年に（特に日本人青少年に対して）、相手国への語学や文化に触れ合う上で、また留学する上で、大事にすべきことやアドバイスをお願いします。

日中の人的交流に関する近現代史を紐解けば、日本が孫文に対して支援を行ってきたことはそれなりに知られていますが、それ以外にも、科挙廃止以降、孫文と双璧とも言われた黄興や章太炎をはじめ、たくさんの優秀な中国人が日本に学びに来ましたし、日本は彼らに対して大いに支援をしました。人と人との交わりが様々な「人間ドラマ」を生んできたのです。

また、1978 年の日中平和友好条約締結以降、日本は中国から多数の国費留学生等を受け入れてきました。そして、留学ＯＢ・ＯＧの中には、今も日中の友好の架け橋として活躍されている方がたくさんいらっしゃいます。

これから留学をはじめとして日中両国の交流の最前線にたたれる皆様におかれましては、是非、こういった日中の諸先輩方の交流の積み重ねについても理解していただければと思います。そして、相手を実物大で理解し、いいところも、悪いところも全てを知ってつきあっていくことが大事だと思います。

Q.2022 年 8 月 23 日付で中国への留学ビザが解禁し、これまで日本で待機していた学生たちが留学生として中国に渡航しますが、このことについてはどのように思われますか。

留学は、相手の国で語学や専門を学ぶということだけでなく、人との出会いや異文化体験を通じて、相手の国や考え方、価値観を理解し、互いに尊重する心が育まれるという意味で、交流のとても大切な部分であると言えます。

留学をはじめとして日中両国の交流の最前線にたたれる皆様におかれましては、是非、訪問先で出会う相手を実物大で理解し、いいところも、悪いところも全てを知った上で尊重し合い、何でも率直に話し合えるような関係を築いていただきたいと思います。

こうした観点から、今回、中国が日本人留学生に対するビザ発給を再開したことは、大変喜ばしいことです。これから留学する学生たちには、中国で大いに学んでいただくとともに、等身大の日本を中国人の級友に伝え、将来に渡る日中の架け橋となっていただきたいと思います。

2021 年 11 月、中国障害者連合会主席及び東京パラリンピックメダリストとの懇談

倍率400倍を突破した北京電影学院監督学科　日本人初の首席卒業生
中国 NO.1 名門映画大学での留学生活を振り返る

伊地知　拓郎
（いじち　たくろう）

北京電影学院監督学科　2022年度　首席卒業生

1998年生まれ、鹿児島県出身。高校生のときに野球部で挫折を経験。そこから海外留学を志し、そのための語学を勉強するため転校し、英語と中国語を身につけた。哲学者で大学講師でもある父の影響で幼いころから世界の様々な音楽や映画を観て聴いて育った。中国人ですら入学困難な北京電影学院の監督学科に400倍の倍率を突破して入学。2022年に北京電影学院監督学科を首席で卒業。趣味は野球、作曲、ギターの弾き語りなど。

INTERVIEW

写真提供 / 伊地知 拓郎

Q. 中国映画の名門校である北京電影学院を志望した理由を教えていただけますか。

　私は鹿児島県に生まれ、北京に行くまでの18年間をそこで過ごしました。幼少期は空手か水泳の習い事に行くか、友人と秘密基地を作ったりして過ごしました。父親が毎日仕事終わりにTSUTAYAで映画を借りてきて、家族と一緒に鑑賞する日々を過ごしたことから、幼い頃から自然と映画が生活の一部になっていたと思います。中学から野球に熱中するも、高校途中で退部し、将来の進路を意識するようになりました。当時好きだった音楽か映画の道に進もうと思い、家族と相談する中で、映画はよりアカデミックな環境で勉強した方が良い、という結論に至りました。

　中国かアメリカ留学で悩みましたが、最終的には奨学金を受給できるチャンスのある中国、その中でも最高学府である北京電影学院を志望することにしました。中国政府奨学金を受験するには中国語試験HSK5級に合格する必要があり、全日制から単位制の高校に転校し、少しでも多くの時間を中国語や英語など留学に必要な準備に充てました。父親は中国人なのですが家庭内では日本語の会話のみ、私にとって初めての中国語学習は大変でしたが、父親から外国語学習のコツを聞き、なんとかHSK5級に合格。奨学金選考も無事に通り、9月に入学するまでは上海に住む親戚の元でホームステイし、現地生活に慣れる努力をしました。そして指定された期日に北京に渡航し、ついに北京電影学院での大学生活がスタートするかと思われましたが、ここで大変な事実が判明します。実は正式に学部生として入学する前に、学科選抜試験を受験しないといけなか

故郷鹿児島で卒業制作を行う伊地知監督

ったのです。まさに寝耳に水の出来事でしたが、奨学金の受給はできたので、北京電影学院で中国語の授業を受けながら受験の準備をしました。

Q. 監督学科を志望した理由と学科選考試験のお話をお聞かせください。

　監督になりたいと思ったのはつい最近です。専門を選ぶ際に、映画のことをより深く知りたいと思い、監督であれば映画の撮影技術はもちろん、総合的な知識を学ぶことができると考えました。当時は3つの志望学科を記入して提出する必要があったのですが、監督学科の倍率は異常で、毎年6000人以上が受験し、その中から15人〜20人しか受からない難関中の難関。ダメもとのつもりで選考を受けていたのですが、この難関を突破し監督学科に、という

伊地知監督が高校時代によく遊んだ場所　日置市吹上浜にて

か監督学科しか受かりませんでした。そして2017年から晴れて北京電影学院監督学科の学生となりました。クラスメイトは自分以外にもう1人フランス国籍の留学生がいましたが、北京で生まれ育ったミックス、自分だけが外国人だったように感じます。もちろん北京以外にも上海や四川など中国各地出身のクラスメイトもいました。その中で内モンゴルから来た学生とは特に仲良くしていました。

Q. 大学では実際にどのような講義を受けていましたか。

北京電影学院では留学生向けの中国語講座以外にも、『映画中国語』という映画やハリウッドの歴史、カメラやレンズの仕組みや部品名などを中国語で勉強する講義もありました。また教授や映画業界の現役プロの話を聞く機会が多く、監督自ら自身の作品解説をしたり、映画史、文学、音響や撮影など、各分野に特化した講義も用意されていました。ただ中国語レベルの問題はもちろん、一部の講師は訛りがキツく、講義の全てを聞き取ることはできませんでした。ただ全て聞き取ろうと100%の努力を費やすと他のことが疎かになってしまうので、大事なことはポイントを聞き逃さず、如何に理解して解釈するかです。もちろん講義は録音を欠かさず、分からないところはクラスメイトや父親に聞きながら、理解を深める努力もしました。

ただ大事なことはやはり自分に興味があるか、楽しいかどうか、これが継続に繋がるし、能力の向上に直結すると感じます。また毎年学期末に課題としてショートフィルムの作成が課されます。入学して最初に提出した作品がクラスの中で1番の評価を頂き、これまで映画や音楽に触れて生きてきた人生全てが肯定された気持ちになりました。監督をやることで、自分は他の人より優れた能力を発揮できる、との確信も得ることができました。

Q. 大学時代に特に印象に残っている講義や思い出はありますか。

監督学科では演者の理解を深めることを目的に、大学2年生まで演劇講義が必修で設けられています。最初は動物のモノマネから入り、そこから色々な役を演じさせられていくのですが、当時の私は中国人とのミックスなのに中国語が流暢に話せないことに負い目を感じており、自己表現を不得意としていました。ただ講義を担当してくれた教授のおかげで人前で話す事に抵抗がなくなり、それに伴って表現方法も上達し、自分自身の羞恥心を打ち消すことに成功しました。講義が終わる頃には自分自身を肯定できるようにもなり、周りの友人にも弱音や本音をさらけ出せるようになると、クラスメイトとの距離が一気に縮みましたね。

演劇は人の人生を変えることができる、と自分自身の経験を以って体感できました。その後はクラスメイトの映像制作をサポートするようにもなり、中国各地にロケで行きました。その中で一番思い出に残っているのは、親友の故郷内モンゴルのバヤンドール市でロケをしたことです。極寒地帯専用の防寒具を身に纏ったのですが、それでも一歩歩くたびに寒さで全身に痛みが走りました。そんな中でもロケ仲間たちと饅頭や内モンゴル特産の美食を食べたり、野生の動物たちが大自然の中で自由気ままに生活する様を眺めたり、地平線から登る朝日を見たときなど、言葉では言い表せない感動を幾度も経験しました。

伊地知監督 北京電影学院監督学科卒業作品「郷」23年春に日本で公開予定

撮影チームとの集合写真、このように多国籍での撮影構成班で中国各地に行き撮影してきた

Q. 伊地知監督ご自身は大学時代はどのように作品を制作していらっしゃいましたか。

　先ずは教授に脚本を提出し、大学から撮影機材を提供してもらいます。そのため、脚本を書くことが非常に大事なのですが、それ以外に撮影チームを探すことも大事です。大学からは撮影費用をサポートしてもらえないため、撮影前は常にカップラーメン生活で奨学金の生活費を貯蓄し、撮影時期に入ったら大学内の演劇、音響などのコースに所属する友人にお願いし、交通費などの最低費用のみで撮影に協力してもらいました。裕福な家庭の子は1つの作品に100万円以上かけていたりと、貧富の差は少し感じましたが、それでもクラス内での評価は常に上位に入ることができました。

　多い時は20数人で、且つ多国籍の撮影チームを構成し、最大で11ヶ国のメンバーで撮影したこともありました。3ヶ国語を操りメンバーに指示を出しましたが、ここまで

多国籍だとまとめることは不可能。文化も習慣も違うのに、日本流の細かい指示、要求を押し通すのは難しい。ここでも常に100％を求めるのは難しいと悟り、その後はA、B、Cプランを作り、理想のAプランが難しければ、A寄りのBプランで、という形で状況に応じたベストを追求するようになりました。これは異文化理解や共生とも相通ずるところがあり、相手との間でちょうど良い落とし所を見つける、これこそ相手を尊重する行動のひとつなのではないでしょうか。

Q. 北京電影大学監督学科初の首席卒業という偉業を成し遂げられましたが、これまでの学生生活を振り返っていかがですか。

　正直なところ首席で卒業したという実感は湧きませんでした。この2年間はオンラインだったことも大きいですし、普段から学期末に映画制作を経験しているため、もう何度も卒業制作を提出しているような気分だからです。改めて留学生活を振り返ってみると、本当に色んなことを体験することができました。鹿児島で生まれ育った自分が、いきなり北京というGDP第2位の首都で生活を始め、しかも日本人が少数派のマイノリティの中で過ごした。この環境が自分の変化に大きく繋がったのだと思います。学科の講義を通した知識や技術の向上はもちろん、留学生寮で世界各国から来た学生たちと交流もできました。そのおかげで英語力はもちろん、多文化理解が深まり、一監督としても、一国際人としても大きく成長することができました。また監督科の教授、クラスメイトたちにもたくさん支えてもら

極寒の地で夜通し撮影し、地平線から上がる日の出と共に集合写真

い、毎日起こる奇想天外な出来事を、ポジティブに受け止めることができました。北京電影学院でお世話になった教授、クラスメイト、友人、上海の時に居候させてくれた親戚、そして両親に改めて感謝を伝えたいと思います。

Q. これから留学を志す人たちへメッセージをお願いします。

新型コロナウイルス感染症が落ち着かず、今でも渡航出来ずに燻っている人が数多くいると思います。私自身も卒業制作を故郷・鹿児島で撮影したのですが、当初依頼していたクラスメイトたちの訪日が叶わず、結果的に1年間の休学を決意しました。当時は苦渋の決断でしたが、怪我の功名か、撮影期間延長のおかげで日本の四季をフィルムに残すことができましたし、世界NO.1の映画機材メーカーARRIから撮影機材を無償提供して頂いたので、より良い環境での撮影を行うことができました。このように、コロナ禍だからといって諦める必要はなく、これまでやってきたことの新たな側面、魅力を再発見してみるのも良いのではないでしょうか。

また中国留学の魅力ですが、上述のように中国留学は中国理解と中国語の向上というイメージがありますが、実際に留学すると多くの外国人と接することができ、中国から世界を知ることができます。1日でも早く留学の環境に慣れ、多くのことを学び吸収するためには、全てのものが自分に縁があるものだと受け入れ、どうせなら染まってしまおうくらいの柔軟なスタンスが大事だと思います。気負い過ぎず、しかし真面目に、自分の楽しいことを優先できるくらいの、ちょうど良いラインを見つけることが楽しく成長できる留学生活を送る秘訣ですね。

Q. 今後どのような方向で活躍されていく予定でしょうか。

元々は卒業後にアメリカかドイツの大学に留学しようと思っていましたが、今は撮り溜めている作品の編集や既存作品の改善を行い、先ずはアメリカに持っていく予定です。私が作品を撮る際に心掛けているテーマは「精神的な癒し、パワー、学びを与える」です。この考えに共感してくれる世界中の方々と、これまでも、そしてこれからも作品を制作していき、世界に幸福を与えていきたいと思います。また日中両国の関係は入学前の面接で「日中友好の架け橋になるような映画を作りたい」と発言しましたが、それは今も変わらず意識しています。日本人と中国人の間に生まれてきた息子だからこそ、日本、中国という隔たりを越えて、人種も国籍も関係ない交流ができるように、自分の映画が役に立てばと思いますし、いつか機会があれば北京電影学院で共に学んだ中国人の親友と一緒に日中合作の作品を撮りたいと思います。

①伊地知監督の作品「ビヨンド・イマジネーション」撮影風景
②北京電影学院監督学科の同級生と教授たちとのクラス会
③自分を変える大きなきっかけとなった演劇講義での写真
　内モンゴルの親友と.

それがこの短編映画
「WHATEVER YOU WANT IT TO BE」になりました。

①

②

卒業制作撮影のため、コロナ禍にも関わらずオーストラリアから日本に来てくれた
北京電影学院の友人（中央）と小川夏果プロデューサー（左）

③

大阪大学 時代の 思い出
思い立ったら即行動が秘訣

TAN　YUFENG
譚　玉峰

インセクト・コミュニケーションズ株式会社　代表取締役社長

吉林省出身。1983 年 4 月に中国の国費留学 4 期生として大阪大学に入学し、基礎工学部の生物工学科で工学博士の学位を取得。卒業後はソフトウェア企業に就職。2000 年 11 月インタセクト・コミュニケーションズ株式会社を創業。ソフトウェア開発のアウトソーシングや広告代理事業、インバウンド事業、DX 推進事業や越境 EC 事業などを展開する。日本、中国どちらにもグループ会社を構え、従業員数は全体で 900 名を超える。

INTERVIEW

写真提供 / 譚 玉峰

Q. 日本に留学されたきっかけを教えていただけますか。

　私は 1981 年に吉林大学化学学部に進学しました。当時は日本語専攻ではなく、同大学の学長で中国科学院院士の唐敖慶教授が新設された生物工学専攻でしたが、入学から 2、3 ヶ月後、突然大学から日本への留学を推薦されました。まだ専門的な勉強を何も学べていなかったので、家族にも相談しましたが、中国政府の支援という千載一遇の機会を逃さない方がいいということで、日本留学を決断しました。

　東北地方と言えば対日感情が悪いと思われがちですが、私の家族、親戚で日本留学反対者は 1 人もいませんでしたし、私自身も抗日映画やドラマのイメージが強かったですが、日本留学には嫌悪感を抱きませんでした。その後、1982 年 2 月に吉林大学を退学し、当時日本留学予備学校、赴日留学生の教育基地とされていた東北師範大学で日本語

1985.年、大学 2 年生終わりの春休み。青春 18 切符を使い、信州大学で国費留学をしていた同級生を連れて大阪に来た際の写真

をひらがなから勉強し始めました。日本の文部省（現文部科学省）が教育カリキュラムのサポートをしており、日本から専門家が派遣され私たちの講義を担当しました。

Q. 国費留学の同期にはどのような学生がいましたか。

　私の同期は 50 名、中国各地から集められた優秀なエリートたちでした。1983 年 4 月に留学することが決まっていた私たちは、毎日休みもなく日本語や専門知識の学習に勤しみ、同年の春節前に試験を受け、派遣先の大学が決定しました。私は吉林大学時代の専攻と類似する進学先として、大阪大学基礎工学部生物工学科への留学が決まりました。その後、出国前にも北京語言学院（現北京語言大学）で 1 ヶ月間缶詰になりながら最後の追い込みを行い、50 名の同期は、北は北海道から南は九州の鹿児島まで、全国の名門大学へ進学しました。

　国費留学 4 期生の中には私のように日本に残っている者、中国に戻って日本と関係するビジネスをする者、それ以外の第 3 国に渡った者もいます。ただ、卒業後はまず祖国に戻って国営企業や金融機関、教育機関に勤める人が多かったように思います。現在、清華大学で教鞭を執っている同期もいます。私はたまたまご縁があり、日本に残ってそのまま仕事をすることができました。我々の代は仲が良く、新型コロナウイルス感染症の流行前は定期的に同窓会を企画していました。最近では首里城が火災に遭う 1 週間前に、約 20 人ほどのメンバーで沖縄に集いました。ちなみに国費留学生は 4 期から 50 名になりましたが、それ

2016年、1982年に東北師範大学で日本語を教えていただいた河野先生、李先生が譚社長のオフィスに来訪された際の写真

以前の代は毎年100名派遣されていました。2期生には、現在日本中華総商会の理事長を務める厳浩氏もいらっしゃいます。

Q. 大阪大学留学時代はどのように過ごされていましたか。

留学当初は目にするもの全てが新鮮に映り、また当時の中国はスーパーが無く市場ばかりだったので、日本のスーパーは天国だと思いました。ただ毎日スーパーで食材を買うなどの贅沢な生活はできませんでした。国からの奨学金は学費免除、生活費は月6万円支給してもらいましたが、寮費も含めての金額でした。そのためアルバイトはもちろんのこと、1日の食費が1000円を超えないように気をつけていました。また勉学に関してはたくさん勉強したい、という程度の漠然とした目標でしたが、日進月歩で目の前のことを着実にこなしていきました。博士過程では毎日のようにプログラムを作っては計算し、常に新しい法則が見つからないか考える、この繰り返しでした。そして当時の指導教官である佐藤俊輔教授に日々ご指導を仰ぎ、なんとか博士号まで取得することができました。

Q. 留学時代、特に思い出に残っていることはありますか。

長期休暇中に旅行に行くのが好きでした。例えば同級生と韓国旅行に行ったり、青春18切符で日本全国を旅して、国費留学している同期を訪ねたりと、貧乏学生ながらも各地を旅したことを今でも思い出します。その中で

特に印象に残っているのは83年の春、前日に友人とお酒を飲んだ勢いで青春18切符と時刻表を買い、翌日には12時間かけて東京に着きました。そこから銀行でお金を降ろそうとしましたが、何度試しても降ろせず、不思議に思って預金残高を確認したところ、なんと100円しかありませんでした。これでは観光はもちろん、大阪に帰ろうにも帰れない。その場で探した日雇いの建築現場で1週間ほどバイトをして資金を調達。その後は学友を訪ねに長野や金沢を回りました。このように思い立ったら即行動、実践の日々を繰り返していました。

Q. 留学終了後、起業に至るまでの道を教えてください。

大阪大学博士課程を修了後、姫路にあるソフトウェア会社に勤めました。その後、その会社から独立する形で2000年に現在の会社を設立しました。最初はシステム開発から始まり、その後日本国内のアフィリエイト広告サービス、広告代理店事業を始めました。2016年にはインバウンドビジネスの可能性を感じて、決済サービスシステムを開発し、インバウンド関連のチケット販売、旅行プロモーション、QRオーダーなど、多くのビジネスチャンスを得ることができ、また自社で多くのシステム開発、特にWeChat上のミニプログラムの開発にも成功しています。現在では日本各地や中国国内にも複数の支社を設け、総従業員数は900名に上ります。

こう話すと大きな問題もなく順調にビジネスを展開してきたように思われますが、実際数えきれないほどの失敗を経験し、数多くの決断を迫られ続けた起業家生活でした。起業してから半年は一度も家に帰らず、朝3時に会社で終礼してからサウナに行き、また出社する日々。会社が倒産寸前になった時もありましたが、それでもその都度

1988年、大阪大学のクラスメイトと韓国を旅行した際の写真。右から1人目：韓さん。留学時代の先輩で中国人。右から2人目：西中さん。同級生。現在インタセクトのCTO。左から2人目：李さん。韓国人の友人

社員に恵まれて難関を乗り越えてきました。今では必要不可欠になったQR決済システムに関しても、開発当初は社内でも疑問視する声がありました。ただ必ず成功すると信じ、私はシステム開発に勤しんだ社員のサポートに徹しました。このように波乱万丈の生活でしたが、今でも毎日新しいビジネスアイデアに出会えるように、チャンスを掴めるように意識しながら日々を過ごしています。

Q. 留学経験の中で今の仕事に役立っていることはありますか。

私が仕事や生活の中で常々思っていることは、自分の直感に従うこと、そして一度決めたことはやり通すということです。留学前からも一度決めた約束は必ず守るように心がけていましたが、日本に来てからは上述したようなサバイバル体験やギリギリの生活を幾度となく経験し、より感性が鋭くなったと感じます。皆さんはやりたいことがあった場合、先ずは考えてから行動することが多いと思いますが、私の場合は先ずは行動する。その後問題があったら解決方法を考えればいいと常々思っています。例えば新しい事業を起こすときや、何かを決断する際は一瞬で決めることが大事であり、もし迷いが生じたら上手くいきません。私の会社では新規提案する際、社内で提案書や企画書は要りません。先ずは走らせてから考える。可能性が確信に変わった段階で、人的、金銭リソースを確保するフェーズに入るなど、行動派が社内で活躍できる環境を設けています。また人生には様々なチャンスが転がっており、後先のリスクを考えて人生の選択肢を狭める必要はなく、どの道を進んでも、そこに転がっているチャンスをどのように掴むか、どのタイミングで誰と出会うか、自分に巡ってくる運を掴み取ることが大事なのです。例えば私は大学院時代に働いたアルバイト先の社長と今でも付き合いがあります。2015年、たまたまその社長とご飯を食べた際に撮影した

2015年、大学院時代にアルバイトをしていた社長との懇親会、この写真がFacebookに載ったことがきっかけで大口案件を獲得（左から2人目が本人）

2019年、上智大学の学生に向けて行った講義の様子

写真がFacebookにアップされ、その写真をなんと当時営業をかけようとしていた大口取引先の担当者が発見しました。それが縁となり、大口契約を手に入れて、今でも継続している取引があります。まさしく、いつ何があるかわからないという人生を体現したような出来事でした。

Q. 経営者としての活動以外にも、大学で講演会を行うなど青少年の育成にも熱心に取り組まれていると伺いました。今後の目標と合わせてお聞かせいただけますか。

仕事柄、地方自治体やビジネス勉強会で登壇することが多いのですが、幸いなことに上智大学や、母校の大阪大学などからも講演依頼がありました。上智大学での講演の際は学生から多くの質問があり、講演会終了後も一部の学生たちと懇親会でお話をさせていただきました。大阪大学では修士や博士課程に在籍する学生向けに、学生時代の話や現在のビジネスに関する話をしましたが、参加者はお陰様で満員。また、講義の途中で退出する人がいなかったのは初めてだと担当者から言われました。私が大学での講演会で強調したのは、30年後の自分は何をしているか？ということです。30年先なんて分からないという方が大多数だと思いますが、今日のあなたの一言、何気なく選択したことが、30年後のあなたを左右する可能性を秘めているということを意識して欲しいと思っています。

また講演会活動以外にも、2016年から母校大阪大学基礎工学部で初めての寄附講座を開設しました。「健康情報工学共同研究講座」という名称で、担当教授は同じゼミ出身で、阪大史上最年少で教授になった後輩です。このような産学連携を積極的に行い、社会により良い貢献をするため、毎年3000万円の寄付を行い、自身の後輩たちのより良い研究のための支援を行っています。

今後は、会社の発展はもちろんのこと、より一層人材育成に力を入れていこうと考えています。今年から大阪観光局からの依頼で留学生支援事業を行うことになり、将来的にはインタセクト奨学金を作ろうと構想しています。留学生と企業の距離を密接にすることで、インバウンド事業を始めとする様々な事業で国際化を進めることができます。社内でも日本や、中国以外の社員を採用するなど、今後は日中以外の諸外国進出も構想していきます。

2019年、四川省で開催した中国各支社の社長が集うグループリーダー研修

Q. これから日中間での活躍を志す青少年にアドバイスをお願いします

留学も大事ですが、今は日本にも多くの中国人が留学や仕事をしており、クラスメイトや同僚で中国人がいることはすでに日常的な光景になっているでしょう。だからこそ日頃の自分自身の意識や行動が大切だと思います。先ずは自分の意見を持って、自身の置かれている現状を見つめ、マスコミに惑わされないことが大事です。マスコミの報道ばかり見ていると日中関係が良くないと洗脳され、結果的に自身の意見を持たないで嫌中になるケースが多いと聞きます。日中の経済はこれだけ密接なのに、それだけで自身の大きな可能性を排除するのは非常に勿体無いことです。ニュースや国籍に惑わされず、先ずは身近にいる中国人と語らうことで文化の違いを認め、受け入れることが異文化交流に必要な基本姿勢だと思います。

次に、自発的な行動や思考を習慣づけて、多くの友人たちと付き合うことが大切です。人間関係もビジネスも、何をすれば相手に満足してもらえるかを考えることが最も重要です。私自身もビジネスを通して日本の地域経済に貢献し、相手に満足してもらうことで、国の垣根を超えて交流することが出来ています。常に同じ考え方を持つ人とばかり付き合うと考え方が固執してしまいます。いろいろな人

2022年7月30・31日、第2回 外国人留学生エキスポに参加した際の写真

と出会い、付き合っていく努力をすることで、相手を受け入れる力が増し、結果として日中間の異文化交流にも繋がるのではないかと思います。

弊社でも若い日中の社員が共に働いていますし、新型コロナウイルス感染症の流行前は毎月日本人社員が中国出張をしていました。正直なところ、これが一番基本的で且つ大切な草の根交流だと思います。外交も大事ではありますが、先ずは自分自身で出来る身近な交流を大切に取り組むことが、両国のより良い関係促進に繋がると思います。

2016年に開催したインセクト・コミュニケーションズ株式会社忘年会の様子

社会体験で留学生活をより豊かに

日中の **民間交流** を支えてきたこれまでの歩み

WANG　XIANEN
汪　先恩

中国留日同学総会　会長

1984年、安徽中医薬大学卒業、1988年中科技大学同済医学院医学院大学院医学院医学修士修了。2002年より同大学教授、現在に至る。1991年、金沢医科大学消化器内科に訪問学者として派遣され、高田昭教授の下で研究に従事。1993年、順天堂大学で佐藤信紘教授の指導のもと肝線維化機序、胃粘膜損傷修復機構及び融合医学などの研究を行い、1997年に医学博士号を取得。2013年より中国留日同学総会の会長に就任。2021年より順天堂大学医学部内科客員教授を務める。

INTERVIEW

写真提供／汪 先恩

Q. 日本に留学することになったきっかけを教えていただけますか。

　私は安徽省出身で、幼少期は文化大革命の影響で十分な教育を受けることができませんでしたが、鄧小平氏が中央政権に復帰したことがきっかけで大学進学の夢が叶い、1979年に安徽省の中医薬大学に進学し、家族と相談した結果、中医薬学を専攻することにしました。学士号取得後は、湖北省にある同済医科大学で修士号を取得。その後は同大学の病院に勤務していました。医学の世界では英語やドイツ語を学ぶことが主流であったため、多少の言語ができた私に白羽の矢が立ち、1988年12月末に視察団の同行通訳として初訪日を果たし、日本に対する興味が湧きました。もちろん、それには医学の道で活躍されていた魯迅先生、郭沫若先生の影響も大きいですね。それから3年後、公費派遣プログラムの選考に通った私は、1991年から日本へ訪問学者という立場で留学を果たすことになりました。

Q. 日本留学中はどのように過ごされていましたか。

　金沢医科大学では、高田昭教授の元でC型肝炎ウイルス遺伝子の分析、星細胞の機能などに関する研究に従事、1993年には順天堂大学の佐藤信紘教授の元で肝線維化機序、胃粘膜損傷修復機構及び融合医学などの研究を行い、1997年には同大学で医学博士号を取得しました。　日本では在学期間中は研究活動はもちろん、空いた時間は出来るだけ多く地元の人や留学生たちと過ごすようにしていました。90年代初頭はメールもなく、家族とのやりとりは手紙のみ。そんな我々を支えてくれたのは日本の人々でした。地元のお祭り、花火大会、着物の着付けなどのイベントや漁師体験を企画してくださり、また仲良くなった日本

①1991年、日本来日後、金沢で初めてのスキーを体験した際の写真（左2）
②1992年、金沢で色々な交流に参加していた頃、着物体験した際の写真（右2）
③1992年。金沢に留学していた留学生たちと一緒に撮影した記念写真（左1）

1996年　順天堂大学博士課程の際、後楽寮に住んでいたメンバーたちと一緒に箱根旅行した際の集合写真

人で家まで招待してくださる方もたくさんいました。留学時代には留学生会の役員を歴任しており、金沢大学には中国人以外にもドイツや東南アジアから来る学生を足して合計30人の留学生が学んでいましたが、彼らとも定期的に交流を重ねました。中国の伝統記念日の時には餃子大会などを企画し、日頃からお世話になっている日本人、同胞、留学生の友人たちに手作り餃子を振舞いました。研究は言うまでもなく大切なことですが、余暇で多くの社会活動を体験し、専門外の知識を得たり、人対人で交流することがいかに大切か、改めて気付くことも出来たと振り返ります。

Q. 学生時代、特に思い出に残っていることはありますか。

金沢では毎週のように日本人と外国人のイベントに参加し、日本社会を学び、体験し、順天堂に行く前は東京生活に必要な家具などを揃えてもらったこともいい思い出です。順天堂で博士課程に進学した際には、後楽寮に住んだこともあります。ここでは多くの同胞たちと生活しましたし、大学の留学組織以外にも寮内の組織委員会で役職を頂き、寮内外の様々なことに携わりました。その中で思い出に残っていることは、寮生の中で大腸癌にかかってしまった学生の対応にあたったことです。事態は緊急を要していたため、中国に帰ってから手術をするよりも、日本国内で適切に処理をした方が良いと考えた私は、順天堂大学にお願いをし、無事に手術を終えることができました。留学してからも日々研究に従事していた私ですが、こうして身近な同胞の命を救うことに貢献できたことは、忘れられない大きな思い出の一つです。この頃から多くの同胞から学業や生活面での相談が増え、これまで多くの人々に支えてきてもらった恩を自分の周りにいる後輩たち、同胞たちに返して行くことを決意したことも、今の自分に大きく影響するきっかけの一つとなりました。

Q. 中国留日学同学総会にはいつから加入されましたか。

博士課程を修了した1997年からになります。当時から各大学の中国人会長が留日同学総会に入る流れがあったので、私もその流れに従って組織の一員となりました。我々の団体は政治ではなく、あくまで民間の立場から互いの誤解を解くことを願って活動しています。留学や仕事を通して日中両国の事情を理解している私たちだからこそ出来ることは何か、と考えて日々行動しています。特定分野の技術交流や意見交換はもちろん、実際に多くの日本人や中国人

1990年代、後楽寮生として住んでいた頃
当時の後藤田正晴日中友好会館会長と一緒に

に双方の魅力を伝え、視察や訪問も行いました。また、日本で活躍する多くの中国人日本留学経験者と中国の政府や企業を繋げ、中国の発展に貢献をしてきたと自負しています。今後は中国の優れた部分を多くの日本人に伝えて、相互の経済や民間交流の促進に貢献していければと思います。

Q. 留学中の経験で、今の仕事やライフワークに活かされていることはありますか。

1993年に順天堂大学に来てから、今年で19年目になります。現在は内科客員教授として日々の診察、また留日同学総会の会長としても多くの業務に携わっています。専門外の分野と接する機会も多いのですが、留学時代から様々な活動に参加し、多方面での人脈や知識、経験を積むことができたので、専門内外どちらでも多くの活動を展開することができます。読者の皆さんも、ご自身の専門は様々だとは思いますが、自分自身の強み、相手の強みをどのように活かしていくか、そして専門外のことに触れることは非常に大事なことです。例えば中国医学の歴史と強みを以って、日本で難病とされている病であるアトピーなども確実に治療していくことはできます。また中国留日同学総会のプラットフォームを通して、日中医療業界以外にも経済や教育など、数多くの分野で日中相互交流を促進することもできます。私個人及び専門としての希望は、将来医療や健康の方面から両国の交流、ひいては友好関係に貢献していきたいと考えています。また専門外という立場からも、日中各分野にて相互交流を促進し、人間同士の心の交流を通して日中民間理解の促進を果たしていきたいと思っています。

①② 1999年、留日留学同学総会幹部と北京訪問。中国共産主義青年団中央書記処第一書記 周強氏との交流（現 最高人民法院長）
③2001年、欧米同窓会内の留日会が訪日し、野田毅先生を訪ねた
④2018年、日中臨床薬学学術交流団が順天堂大学に訪問した際の写真

Q. ご自身の留学経験をもとに、今の青少年や留学生にアドバイスをお願いします。

これは日本に留学する前後からずっと意識していることですが、人に会う事や読書をすることは非常に大切です。私も金沢時代に数多くの学会に参加したことから、順天堂大学の佐藤教授と知り合うことができ、結果として今のキャリアに繋がりました。またメディアを通じて得る情報も大切ですが、相対的に本質を掴むためには情報を様々な角度から理解する自分自身の基準や価値観が大切です。それは自分の目で、足で体験したことの積み重ねだと思います。日本と中国は1000年以上の友好と、50年ほどの苦しい歴史がありますが、現在では後者の方ばかり取り沙汰されているため、政治家から民間まで多くの誤解が世に蔓延っています。このギャップを解決するためには、相手国に留学、生活し、現地の人と交流を重ねることです。例えば最近の若者はネット上で多くの知識や情報を得ているため、昔と比べて知識の量が多いものの、アルバイトをして経験を得る中国人留学生は少なくなったと言われています。社会経験を積む絶好の機会なので、是非とも多くの学生にはアルバイトや社会活動を通して相手の文化や思考に触れて欲しいと思います。

Q. 今後の日中青少年交流、留学促進のために何が大事だとお考えですか。

青少年交流において留学や対面での交流は非常に大切なことです。最近では新型コロナウイルスや政治等の外的要因によって往来人数が影響を受けているものの、最近順天堂大学に留学している中国人留学生は、小学生の頃に訪日交流団に参加し、それがきっかけとなり日本留学の夢を抱いたと言っています。短期、長期でも良いので、先ずは民間レベルにおいての交流を促進し、心のこもっ

た交流を行うことが相手国への理解、好感度を高める最高の手段です。もちろん、大きな交流を実現するためには、政府が主体となるか、あるいは政府の後押しがないと難しいとは思いますが、民間としては留学に非常に期待しています。我々もこれまでは中国人同胞に向けたサポートがメインでしたが、日中国交正常化50周年をきっかけに、今後も1人でも多くの日本人青少年が中国に興味を持ち、留学するきっかけ作りに貢献できるよう活動していきたいと思っています。

中国留日同学総会

中国留日同学総会は時代ごとに変革をしながらも、幾度となく復活を繰り返し、現在まで活動を続けている。草創期は1915年2月11日。袁世凱政権の日本「二十一箇条要求」受入反対のため、中国共産党創立者の1人である李大釗らは東京の神田青年会館で「中国留日学生総会」を設立した。彼は代表として、『全国の父老に警告す』を作成し、「人民団結し、美しい国を守ろう」と電報で呼びかけ、その影響は広範囲に及んだ。

やがて袁世凱政権によって解散させられたが、幾度かの努力を経て、1916年1月16日に「中国留日同学総会」として復活を遂げた。第二次世界大戦終了後の1946年5月22日、東京の田村町飛行会館で総会を復活させた。新中国建国後、総会は廖承志の指導のもと、学生を積極的に新中国建設に参加させた。1952年から1958年にかけて、中国政府は中国留日同学総会に総額40万米ドルを提供し、

日本留学生の学業成就を支援した。1950年代、郭沫若や孫平化らが日本を訪れ、総会の代表と会った時、彼らは学生たちに新中国の建設のために帰るよう訴えた。廖承志は中国留日同学総会に私信を送り、在日留学生を動員して中国に帰国させ、祖国の建設に参加させるように要請した。

廖承志の直接指導のもと、1953年から1958年にかけて4000人を超える中国人留学生が帰国し、新中国の建設に参加した。中国留日同学総会歴代会長の韓慶癒や郭平坦も積極的に貢献した。1998年2月1日、中国大使館教育処、欧米同学会など各部門の指導のもと、中国留日同学総会が再び復活し、在日中国大使館教育参事官を名誉会長、当時の全人代常務委員会副委員長の呉階平を総顧問として、現在まで海外留学生が祖国と駐在国に貢献するというモデルを作り出している。

2015年、中国留日同学総会設立100周年の記念式典
欧米同学総会の許副秘書長が団長を務める祝賀団からの祝福を受けた

BREAK
TIME

日本 ⇄ 中国

宇宙の中心にある
我々の老地方「五道口」

 I.M さん　学部・修士留学

　中国随一の学生街である北京・海淀区にある「五道口」。以前の北京では東直門、西直門より外れた場所は城外とされており、今でいう郊外のイメージだったと聞く。そんな五道口のことを北京では「宇宙の中心」と呼ぶ。

　大学はもちろん、飲み屋や日本人が好きな娯楽施設が集中していたため、五道口を歩けば毎日どこかで必ず日本人留学生とすれ違った。日本よりもボーリングレーンが短く、ボーリングのピンが 10 本揃わないことが多々ある西郊賓館のボーリング場や日本の歌が歌える桃屋のカラオケ。新入生歓迎会でもらう無料カツ丼券を握りしめて行く「B3」（漫画喫茶）と無料カレー券を持っていく「ばんり」（カレー屋）。飲み会は東源大厦最上階の日本食「魚太郎」か、東王庄にある韓国料理か焼肉に行く。少しはしゃぎたいときは、外国人のクラスメイトと一緒に「ヘレンズ」や「プロパガンダ」などのバーやクラブで楽しむ。まったりしたい気分のときは華清商務楼の 2ndPlace で作業をしながら 1 杯飲むか、「SIPS」で北京語言大学のバーテンダーが作ったオリジナルカクテルをしっぽり飲む。お腹がすいたら外の屋台で手抓餅や焼冷面をつまんで腹ごしらえをする。

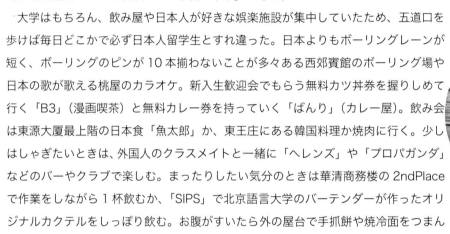

　テストや課題提出前は、夜遅くまで空いている漫珈琲（マンカフェ）に行くか、24 時間あいている橋珈琲（ブリッジカフェ）で一夜漬けをする。海底区以外にも、朝陽区に住んでいる日本人留学生も数多く五道口に来ていた。当時はバス路線 731 が中国伝媒大学や北京第二外国語学院の間を直通で繋いでいたため、日本人留学生たちを繋ぎ、酸いも甘いも含めて多くの思い出を作るきっかけになるなど、大きな役割を果たしていた。このように北京に留学していた学生たちの憩いの場となっていた五道口だが、中国の発展に伴い、今では露店や屋台も無くなり、道端で餃子やマーラータンを食べることも叶わない。学生をつないだバス路線 731 も今はもうない。今はどんな五道口になっているのか、いつとも知れぬ次回の訪問を心待ちにしている。

中国⇄日本

留学生 心の拠り所
東京の中華街「池袋」

 X.K さん　修士留学

　日本に来たばかりの頃はどこを見ても日本式の中華料理しかなく、自炊して故郷の味を懐しむしかなかった。有名な横浜中華街に行っても、やはり日本式中華料理だったので、がっかりした。

　近年、中国の留学生が大幅に増加するにつれ、彼らの要求を満たすために中国人が本場の中華料理屋やKTV、脱出ゲームやマーダーミステリーなどを開くようになった。留学生の低年齢化が進み、高校を卒業してすぐに日本にやって来る彼らは、日本語を学び日本人と普通に交流する前に、中国語だけを話せる場所にまず集まる傾向がある。そこで中華料理屋、物産店、カラオケなどの店舗が集中する池袋にまず足を向けることになる。池袋を歩いていると、ハイテンションで中国語を話しながら店に入る中国の若者たちをよく見かける。

　その中でも特に池袋の北口が代表的だ。北口を一歩外に出ると、濃密な中国の空気が感じられる。正面には有名な物産店の「友誼商店」と「陽光城」がある。友誼商店の入口には、こぶりのワゴンで軽食料理が売られている。私が一番好きな豆漿と油条のセットが買えて、久しく食べていなかった中国の朝食が味わえるのだ。店内には中国の食材が揃っている。料理をしない留学生でも直接店にいけば四川料理、東北料理、上海料理から西北料理など各地の料理が揃っていて食べることができる。食後はすぐ近くに上述の娯楽施設が揃っている。

　しかし日本生活も長くなってくると、中国の胃がだんだんと日本の胃になってくるものだ。辛いものを食べるとすぐ胃腸の調子が悪くなる。冷たい水を飲む事にも何の抵抗もなくなってくる。以前は毎週物産店で大量に買い物をして、中華料理以外食べていなかったのが、今ではたまに買い物に行くぐらいで、あっさりした日本料理を食べている。手間ひまかけて故郷から送ってもらった食品も、しばらく食べていない。もしかしたら懐かしいのは味ではなく、一緒に食べた人たちとの記憶なのかもしれない。次に帰ったときには、故郷の味になじむことができるだろうか。

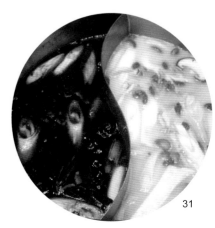

第二部
留学を支えるプロが
徹底的に伝授

日本・中国留学経験者のインタビューを通して、日本・中国での留学生活や、留学を通してどのように成長し、キャリアアップに繋げたのかが伝わったと思う。それでは、実際中国に留学するためにはどうすればよいのか。また留学をサポートする様々なサポート機関や、奨学金を発給する機関はこれまでどのような取り組みをしてきたのか。第二部では、日本国内にある中国大使館教育処、大学、寮、財団、学術など、各分野で日中留学生と関わる機関にインタビュー取材を行った。留学生自身の体験ではなく、留学生たちの支援や管理、教育をする立場から見た各機関の、50 年にわたる歴史を紐解いていきたい。

HOW TO 留学

このほどタレントの「こじるり」こと小島瑠璃子さんが中国での活動を見据えて2023年から現地大学に留学すると表明したばかり。留学は大学生だけでなく働いている社会人もするもの。今では中国の大学が留学生専用のアドミッションオフィスを設けて留学の総合受付をすることが多く、直接問い合わせれば個人で留学することもできる。実際に留学したいと思ったら、何をすればよいのだろう？

中国に留学したい
杉沼えりかさん

 仕事で関わるようになって、最近中国語に興味がでてきた私…。短期留学したらレベルアップするかな！？社会人の私が留学するには、まずどうすればいいんだろう？

JAOS認定
留学カウンセラーの資格を持つ
井上正順さんが答えます！

まずは中国語の勉強をしてどのぐらいのレベルになりたいのか、目標を定めましょう。それからどの時期に行くのか、1週間・1ヶ月・1年とどのぐらいの期間いくのか、予算などを考えます。留学には私費・公費・派遣（大学や会社など）と種類があります。自分の条件はどれが合うでしょうか。私費留学の場合は現地の大学のアドミッションオフィスに問い合わせるか留学支援会社に相談にいきましょう。公費には奨学金があり、この記事の後で早速紹介してますよ！

 費用は大体どのぐらいかかるの？
住む所は自分で探すのかなあ。

費用には学費、寮費、保険、ビザの申請料、航空券、滞在費（食事などの生活費）などがかかります。留学サポート会社のホームページを見れば1ヶ月25〜35万円などと紹介されているのをよく見るでしょう。これが概ねすべて網羅されたものです。またこれからの会社を通して留学すれば、空港の送迎や、宿泊の手配てなど代行してくれますよ。

Q よし、行こう！ そうと決めたら留学申請に必要なものは？

入学申請書（短期はそれだけでOK）を提出し、エントリー費用を支払うとビザの申請用紙（JW202）が送られてくるので大使館・領事館でビザを申請しましょう。パスポートはもちろん必要ですね。健康診断は半年留学から必要になります。ちなみに現地で銀行口座を開けるのも半年留学からですね。その時には有効期限が3ヶ月～のビザが必要になります。

Q 中国語がゼロからでも、いいのかな……？

もちろんゼロからでも行けますよ！ 大抵は最初にレベルチェックを受けてクラス分けをされますが、留学生数が少ないところは初級、中級、上級が混ざる所もありますね。多いところはそれぞれの級でさらに細かくクラスが分かれていきます。でもせっかくだから行く前に中国語の勉強をしたり、交流イベントに参加してはどうでしょうか。たとえば留学先の料理を食べてみたりするのもいいですね！

Q ちなみに、どんな地域やどんな大学を選べばよいの？

大学選びのコツは色々あります。中国語の学習環境や留学生の国籍比率で見るか、学費や寮の条件で見るか、都市の規模で見るか、言い出せばキリがありません。ただ中国では方言やアクセントの違いがあるため、学内では標準語でも、学外では方言ばかりで聞き取れないという状況も多々あります。中国語を学内外でもしっかりと学習したいのであれば、北京や発音が比較的標準語に近い北方地方が個人的にはお薦めです。もちろん、生活費も都市によって大きく差があるため、自身が考える留学費用の許容範囲に合わせて選択することも大事です。

HOW TO 留学

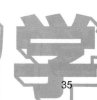

 留学にあたってどんなことに気をつければいい？

日本人のマインドを捨てること、ですかね。言葉ができないと萎縮してしまうところがありますが、すべてを受け入れて常にオープンマインドでいること。せっかくなので時間を無駄にせず、積極的にコミュニケーションをとるとよいと思います。それから海外にいくと日本人の代表として見られ色々聞かれるので、日本のことを分かっているといいですよね！

 初めて中国で乗る電車やバス、ドキドキだろうな！

北京には「一卡通」というICカードがあります。お金をチャージしておいてバスや電車に使えるものですね。ただ日本と違って、ICカードは地域ごとに違うんです！　深センに行ったら深センのカード、河南省に行ったら河南省のカード。北京のカードを他の都市では使えないんです。でも今はアプリで全国のICカードを一括で管理できるので、そちらを使ってみるのがオススメです。でもこれには銀行口座が必要なんですよね……。

 もし病気になったらどうしよう……。

いきなりローカルな病院はハードルが高いですよね。国際系の病院なら外国語が通じるのですが、日本大使館・総領事館のホームページには日本語対応可能な病院が載っていたりするのでチェックしておきましょう！　また日本人向けのフリーペーパーなどにも詳細が載っています。

HOW TO 留学

さて、着いたら入学や入寮の手続き…全部自分でやらなきゃ！

学費は事前に支払う場合もあるし、現地で支払う場合など両方あります。入寮手続きなどを大学がしてくれるかどうかはケースバイケース。留学サポート会社なら現地スタッフが迎えにきて手続きまでついてくれます。日本人が多い大学では日本人留学生会がボランティアでサポートするケースも多いですよ。自分でやる場合は…最初の実践と思って体当たりで頑張りましょう！！

いまや現金は使わないと聞くけど…クレジットカードは使えない？

使えるところが多いですが手数料がかかりますね。中国は広いので本当に場所によって違うのですが、現金は扱っているとしても端っこのレジに追いやられていたり、肩身が狭い（笑）中国人は「WeChatペイ」や「アリペイ」など銀行口座にひもづけてスマートフォンで支払うのですが、短期留学だと銀行口座を作れない場合が多いので、現金問題はかなり切実ですね！

いよいよ憧れていた留学生活。どうやって過ごせばいいですかね！？

留学経験者でもある僕が伝えたいのは、まず外に出よう！ということですね。座学は日本でもできますが、留学は授業で学んだことを外でアウトプットして、さらにインプットもできる貴重な機会。食事に行っても、遊びに行っても、恋愛しても何をしていても良いです。中国語を使う環境で思う存分やりたいことを実現してほしいです。そのためにも、自分にとって楽しい事を見つけるのが一番の早道ですね！

次ページからはいよいよ奨学金や中国大学の日本校などをたっぷりご紹介します。その前に渡航直前コロナ禍の留学など、生の声も！

コロナと留学

2022年8月23日付で、中国留学ビザの申請が復活した。実際に、日本国内の中国政府奨学金受給生の中ではすでに留学ビザ申請に必要な入学許可書とJW202表を手に入れている学生もおり、約2年半ぶりの中国現地留学が復活することになった。突然留学できることが確定し、慌ただしく準備中のお二人に渡航直前の生の声、そしてお一人にコロナ禍の留学体験をそれぞれ独占インタビューした。

渡航直前インタビュー！

（公社）日中友好協会派遣　中国政府奨学金

黒田 稔子 さん
東京都出身、神田外語大学3年生
休学して1年間、北京語言大学へ語学留学

意気込み

まだ留学に行ける人が少ない中での貴重な機会なので、実りある留学にするように頑張ります！

中国政府奨学金

丸山 きら さん
東京都出身、社会人
北京語言大学の修士課程へ進学

意気込み

私が中国を好きになる理由をくれたアイドル「時代少年団」の劉耀文と中国語で話したい！

Q. 中国留学を志したきっかけと、今回の留学先の大学を決めた理由を教えていただけますか。

　高校生の頃、たまたま日本語字幕付きのドラマを好きになったことがきっかけでした。その後、それが中国の作品だと知り興味を持ち、大学でも中国語を専攻しています。中国留学したいと思った理由はいくつかありますが、特に大学や社会で自分が得る中国の情報は正しいのか、最新の情報なのだろうか、と疑問を持ったこと。SNSで最近の中華料理屋を巡る発信をするようになり、リアルな料理は現地に行かなければ分からないと思ったこと。これらの理由を総合して、やはり自分で現地に行かなければ分からない、と留学を志しました。北京語言大学は、立地と制度の良さで選びました。私は語学だけでなく文化を知りたかったので、大学の先生や旅行会社など色々な所に相談して、自分の条件が当てはまるチャートを作って導き出されたのが北京語言大学でした。

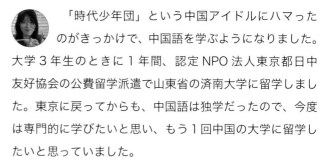　「時代少年団」という中国アイドルにハマったのがきっかけで、中国語を学ぶようになりました。大学3年生のときに1年間、認定NPO法人東京都日中友好協会の公費留学派遣で山東省の済南大学に留学しました。東京に戻ってからも、中国語は独学だったので、今度は専門的に学びたいと思い、もう1回中国の大学に留学したいと思っていました。

コロナの影響で中国留学ができず一旦は就職しましたが、それからもずっと中国の大学院に行きたいという思いは変わらず母校の大学の先生に推薦書をお願いしていました。通訳・翻訳を専攻したいと考えていたのですが、中国全土でその専攻がある大学が20校前後しか出てきませんでした。その中で北京に場所を絞って、留学生が多くて面倒見がよさそうな北京語言大学を第一希望に選びました。

ビザ復活の発表があるまでは、毎日「行けるかもしれない」と「行けないかもしれないの」の間を行ったり来たりしていました。北京語言大学や日中友好協会から連絡がきても、明日には情報が変わるかもしれないと不安を覚えました。

それが大丈夫だと思えた瞬間は、日中友好協会中国留学・友の会が企画した先輩の話を聞くイベントに参加したときです。実際に行った人の話を聞いて、中国自体の変化が激しいから、状況がすぐに変わるのも当たり前なのかもしれないと思ったら、急に気が楽になりました。

嬉しさもありますが、本当に突然のことだったのでまだ実感が湧かなくて、驚きのほうが強いです。もうすでにホームシックになっています（笑）。

私はあまり準備をしていなかったので、出発がもう数週間後に迫っているのに、いまだほとんど準備できていない状態です。本当に行けるの？と思いながら準備している最中です。着いてからは隔離はどうなるのか、携帯はどうするか、現地の講義はどんな内容か、ルームメートは誰かなど分からない事が多すぎて不安もあります。

Q. 中国渡航ができるか不明な間、どのような準備をしていましたか。

まずは中国語の勉強として、北京語言大学やその他中国大学のオンライン授業に参加していました。それから行くための準備も進めていました。私の大学側は私費留学以外認めないと言っており、私費留学も認定が得られず行けないだろうという雰囲気が濃厚な中、私は大学に「行く」と言い続けていました。スーツケースを買い、「お菓子は何を持って行こう」と悩んでいました（笑）。

また延期になり1年間休んで現地に行った場合のブランクプランも考えていました。今回留学が決まって、やっと大学に休学の手続きを申請しました。

先ほどお話したように全然準備はしていないのですが、以前1年間留学した経験から、日本の薬や化粧品、日焼け止めなどは持って行きたいと思っています。私は偏食で食パンばかり食べているので、食べ物も持って行きたいなと……。Twitterやウェイボーで情報収集しています。狼が好きなので動物園も行きたいと思っています。またコロナ禍の留学は飛行機のチケットや隔離費用等で、留学初期に必要な費用が何倍にも膨れ上がると思ったので、社会人時代に貯めた費用や、留学が決まってからはアルバイトなどもして留学費用を貯金しました。

Q. 留学中に叶えたい目標を教えてください。

いまHSK4級なのですが、日常会話は単語でなんとなく通じますが言いたいことが文章で言えていない状態です。1年留学することで、日常会話に加えてディベートなど高度な会話ができるようになりたいと思っています。また食文化に興味があるので、現地の人が実際にどんなお店に行き、どんな食べ物を食べているか知り、宮廷料理や地域料理を比較したり、食に関することを深めていきたいです。他にも漢服なども体験してみたいです。

中国語を独学で勉強する人はいても、そこから中国現地の大学院にまで進学している人は少ないと思います。北京語言大学では人一倍中国語の学習を頑張り、専門である日中通訳翻訳のスキルを身につけ、2年後には中国人と思われるくらいのレベルにしたいと思っています。将来は中国で働きたいと思っており、メディア系や映像翻訳に興味があるので、その夢に向かって頑張りたいと思っています。

芦川 美奈 さん
神奈川県出身、学習院大学から北京大学へ交換留学。
将来の夢は報道関係の記者。

Q. 中国留学を決めたきっかけは何ですか？

　元々、母親が北京出身の中国人で、小学校の間は中国にいました。3年間は現地校、3年間は北京の日本人学校に通いましたが、中国語は現地校のときにマスターしました。アイデンティティが形成されたのは中国と言えますね。中学と高校は日本に行きましたが、中国が恋しくて、この頃から留学の考えが浮かんでいました。大学は中国に戻りたいなと思っていましたが、周りの友人が日本の大学に行くのと、日本の大学の雰囲気やカリキュラムに惹かれて日本の大学に行くことにしました。DD（デュアルディグリー）も考え、北京の大学と協定があるところを中心に探しました。コロナ禍ではありましたが、中国の大学に確認して北京に来られれば学生ビザが取れると聞いたので、まずは親族ビザで中国に渡航しました。

Q. 隔離生活はどのように過ごしていましたか？

　2021年7月に私が通っている大学の留学が解禁したので、翌月にはワクチンを打ってから杭州に入り、ホテルで隔離生活を過ごしました。隔離中の時間潰しのためガンプラ（ガンダム作品のプラモデル）を4つほどスーツケースに入れて持っていきました。それ以外は部屋の中で走ったり、ドラマを見たり。食事は、始めこそ久しぶりの中華料理を楽しんでいたものの、毎日食べれば当然飽きますよね。これから中国に行く人は、隔離生活用の暇つぶし道具や食材をたくさん持っていくと良いと思います。また洗濯ができず手洗いするので、干すものなどの準備ですね。食事が脂っこいので日本のさっぱりしたいインスタント食品も持っていきました。挫けそうな時は、友達と電話して乗り切りました。隔離生活が明けたときは、人とどうやって話せばいいのか分からない状態でした。日常生活では「健康コード」が必要なので、その準備をしました。北京に着いた時は、とても懐かしい気持ちでいっぱいでした。

Q.「コロナ禍の留学生活」はどのようなものだったのでしょう。

　外出には申請が必要で、不要不急の外出はしにくい状況でした。また感染者が出た時は、次の日の行動予定を先生に提出しなければなりませんでした。

　私は「中関新園」という寮に住んでいたのですが、当時教職員の寮との間に壁が作られて、教職員は出てもいいけど私たちは出られなくなり、その壁を私たちは「ベルリンの壁」と呼んでいました。教職員側にはスーパーや理髪店があり、明らかに教職員だけ優遇されていて「私たちは行けないじゃん！」と。

　デリバリーが一時期禁止された際には、寮内の学食で弁当やパン、お惣菜など色々な料理が売られるようになりました。

Q. コロナ禍での授業や街中はいかがでしたか。

　大学の講義は対面で行うことが多かったですが、北京で感染者が増えた際にはオンラインになりました。学内の雰囲気ですが、新型コロナウイルスの関係で学内に留まる学生が多く、クラスメートや周りの子たち、知らない人とも仲が良く、距離は近い雰囲気でした。外出できないので寮の敷地内の広場はお酒を飲んだりする社交場になっていました。テントを張ってキャンプしたり、テーブルゲームをしたりしていました。また学外に出られたときには、母校である学習院のOB会に参加したこともあります。

　街では3日に1回PCR検査をしないとお店にも入れません。パスポートも持ち歩いてないと、博物館とか公園で抜き打ちチェックがあります。担任の先生がグループで教えてくれたり、友人のWeChatモーメンツでPCRやコロナの情報を入手していました。

Q. 今回の留学での楽しかったことはどんなことですか。

　本当は中国全土に旅行に行きたかったのですが、あまり行けませんでした。ただ北京市内では色々な所に行けました。北京はとても懐かしく、コロナで人が少ないので万里の長城はほぼ貸し切り状態でゆっくり観光できました。動物園もパンダが見放題です。胡同にはカフェが増えていて、屋上から風景を楽しめました。前門の大柵欄は昔ながらの街並みで木樨園の批発市場（卸売市場）は衣料品が何でも手に入るところです。懐かしい祖父のジャージャー麺も食べられました。

　また北京オリンピックも聖火台を見に行ったり、会場を見たりしました。東京オリンピックではボランティアに参加していたので、両方のオリンピック開催地に行けてよかったです。

Q. 今度留学するとしたら何をしたいですか？またこれから留学する人にメッセージをお願いします。

　ジャーナリスト志望なので、今回の留学では中国のメディア論の授業をとり、小論文や学期末レポートなどを通じてきちんとした中国語を身に着けること、現地の学生と一緒に過ごして中国の今を知ること、日本の良さを伝えることなどを目標にしていました。

　もしコロナではないときに留学するとしたら、今度はもっと旅行がしたいですね。また今回は日本人と一緒にいることが多かったので、現地の友達ももっとたくさん作りたいです。中国人は真面目な子が多いですが、私も今回勇気を出して一緒に遊ぼう、一緒に自習しよう、一緒に図書館行こうと誘いました。

　これから留学する人も、後悔しないようにやってみたいことをするのがよいと思います。迷っているうちに時間がなくなったり、いつ隔離されるか分からないので、思い立ったことはすぐチャレンジする。サークルや部活動に参加するのもよいと思います。

日本人の中国公費派遣 ×
留日中国人学生を支える
中国大使館教育処

写真提供 / 中華人民共和国駐日本国大使館教育処　取材日：2022年8月3日

ASSOCIATION

　1979 年、中国人留学生への支援を目的に、中国教育部からはじめて中華人民共和国駐日本国大使館に教育担当外交官を派遣し留学生のサポートを行うようになった。1980 年から正式に教育処が設立される。1989 年からは江東区に独立した教育処の建物を設け、現在に至る。当初は奨学金留学生の生活、勉強等の指導を中心に、現在は日本政府や大学等の教育機関との交流、日本人向けの中国政府奨学金留学事業の運営等を行っている。また、駐大阪中国総領事館にも教育処があり、駐福岡、新潟、名古屋、札幌総領事館には教育担当領事が駐在している。

2019年、中国留学経験者訪中団

2019年 中華人民共和国建国70周年記念特別講
演会・写真展 中国留学経験者訪中団報告交流会

日中両国の留学往来の **振り返り** と
今後の **青少年交流** の展望

中国大使館教育処　胡志平公使参事官特別インタビュー

HU　ZHIPING
胡　志平

中華人民共和国駐日本国大使館教育処　公使参事官

日本の在外公館では今回で通算3回目の勤務となる。

Q. 中華人民共和国駐日本国大使館教育処が開設されたきっかけを教えてください。

1978年12月に当時中国の最高指導者である鄧小平氏から改革開放が宣言され、翌年79年には当時の主要先進国に大量の留学生を派遣するため、日本、アメリカ、イギリス等にある中国大使館内に外交官が派遣されました。当時は外国人受け入れ環境が整っていないところが多く、教育機関や住居、生活面など多岐にわたるサポートを行いながら、同胞たちの活動や憩いの場としても教育処が活用されてきました。その後留学生の数も増えたため、80年からは教育部派遣メンバーを中心に新しく教育処が設置され、89年には現在の独立した建物に移り、今日に至るまで中日両国の政府や民間団体と提携。留学生交流をはじめ中日青少年、教育分野の相互交流に大きな貢献をしてきました。

Q. これまでの留日中国人の歩みについて教えていただけますか。

言うまでもなく、中日両国間の留学交流は、文化交流と同じく悠久の歴史を有します。遡れば遣隋使、遣唐使などの留学生・留学僧を通して中国文化が日本に伝わり、それ以降も時代ごとに中日の往来を通して文化以外にも社会制度、生産技術などの伝達によって数多くの出来事が成し遂げられてきました。その中で中国の第一次日本留学ブームは近代から始まります。当時の清王朝政府は1万人以上の留学生を日本に派遣。その多くは近代知識を勉強する一方、腐敗した清政権から国を救う道を求める有志の青年でした。代表的な留学生はみなさんご存知の通り、李大釗、陳独秀、魯迅、周恩来などが挙げられます。彼らは中国に戻ってから革命に身を投じ、中国共産党の成立と新中国設立に多大なる貢献をもたらしました。

その後、1972年に中日国交正常化を果たしてからは、日本の在外公館に勤務する中国人外交官人材を育成するべく、中国政府から留学生の派遣を日本政府に打診、しかし、当時の中国は初等教育と中等教育を足しても12年未満、そのため日本の制度上受け入れが難しいという大きな問題にぶつかりました。幸いなことに、この派遣留学に賛同し、水面下で協力をしてくださった有識者の方々のおかげで、程永華前駐日大使をはじめとする中国初の国費留学生6名の来日が叶い、まず日本の私立大学で1年間学びました。ただ当時は非公式での受け入れという状況であり、そ

2019年、中国留学経験者訪中団

2019年、中日教育交流新年会

の後は創価大学の池田大作先生に身元引受人になっていただき、戦後初めての政府公式派遣という形で、創価大学へ初の派遣を果たしました。その後、改革開放の追い風を受けて、1979 年に中日両国政府は留学生交流の回復について合意し、日本にも多くの派遣留学を行う流れになりましたが、そこで大きな問題は上述した 12 年未満の初中等教育問題です。この問題を解決するために、当時の文部事務次官の井内慶次郎先生と留学生課長の光田明正先生などのご理解と多大なるご支援もあり、最終的には文部省の提案で中国の 12 年問題を解決するための留学予備校を作ることが決まりました。これがきっかけとなって私費留学も加え、80 年代末まで第二次留学ブームが起こりました。

Q. 留学予備校では具体的にどのような取り組みを行っていたのでしょうか。

1979 年、吉林省長春市にある東北師範大学にこの日本留学予備学校を設立しました。教育施設、設備、教員等全て日本政府からの派遣と援助を受け、1 年間の予備教育課程をスタートしました。中国政府国費派遣学生への日本語教育はもちろん、専攻を学ぶための一般教科の学習も行いました。この課程を修了した学生は、文部省から日本の大学への入学資格が付与されます。時代ごとに派遣強化ポイントが異なり、派遣初期の 1979 年〜 1983 年までは学部留学を中心に合計 382 名、1982 年〜 1989 年は修士留学を中心に合計 400 名、1989 年から 2019 年までは博士課程を中心に合計 2305 名、また 1996 年〜 2006 年まではポストドクターを合計 520 名、1987 年から始まった政府奨学金交換生では、2021 年まで日本政府国費留学生 3500 名をそれぞれ日本に派遣してきました。もちろん他の学校にも日本留学コースやプログラム等がありますが、中央政府派遣の日本留学コースを設けているのは現在でも東北師範大学 1 校のみになります。

Q. 政府派遣の日本人中国留学が始まったのはいつ頃からでしょうか。

新中国成立後、1950 年から中国は東ヨーロッパの社会主義国家から中国政府奨学金留学生の受け入れを始めました。私費留学の交流は改革開放後になります。日本はというと、1974 年から日中友好協会の中国政府公費留学生を受け入れ始めたのが公のスタートとなります。ただ当時は色々なルートで中国に留学する人がいたため、正式な統計は残っていません。1987 年、中国の教育部と日本の文部省の間で中日教育 5 ヵ年計画という交流協定を結び、中日両国政府で相互に派遣する学生の奨学金費用負担をすることが決まり、これが現在我々が発給している中国政府奨学金のスタートとなりました。最初は中日各 50 名ずつの派遣から始まりましたが、5 年ごとに派遣人数の調整を行い、現在では毎年各 110 名の相互派遣が実現しています。日本人留学生は、当初は短期の語学留学や 1 〜 2 年の研修が大多数でしたが、現在では半分近くが正規留学の派遣に変わってきました。私費留学生ですが、改革開放の年に中日平和友好条約が締結。そして当時の大平正芳首相が中国への ODA を開始し、日本の世論は一気に中国に関心を寄せるようになり、日経企業の派遣留学、私費留学生の数が急激に増え、長い間日本人が私費留学生の総数で 1 位を独占していました。その後、1992 年に韓国との国交を樹立してから韓国人留学生の数が急増し、1999 年からは韓国が国別留学生総数 1 位になりました。平均して 1 万人中盤だった日本人留学生数は、中国の経済発展や協定校増加の影響から、2010 年には 2 万 4000 人にまで達しましたが、韓国、アメリカについで 3 位となりました。その後は両国関係の影響で 2015 年まで減少を続けるも、2016 年から数が戻り始め、2019 年には 1 万 5000 人にまで回復しましたが、7 位にとどまっています。以前は私費留学

2019年、日中友好協会　中国留学・友の会設立式

2019年、日中友好協会　中国留学・友の会同窓会　懇親会

が圧倒的でしたが、最近では大学間協定での派遣留学が多く、留学を必須としている学科も目立ちます。その先駆けとしては1997年、愛知大学が現代中国学部を作り、180名の学生を半年間、南開大学に派遣することを必須としました。その後、清華大学と東京工業大学や北京大学と早稲田大学など中日両大学の学位を取れるDDプログラム、中国大学日本校の開設など、現在では多様な選択肢があります。また、近代末での中日間留学は一方通行であったのに対し、1980年代以後は双方向の留学に変わったことは中日関係発展の歴史から見ても非常に意義があるでしょう。

Q. 中日両国の学生が留学を志す理由にはどのような違いがありますか。

改革開放当初より国の現代化を担う人材を養成するため中国政府の派遣で多くの留学生が日本に来ました。それと同時に先進の知識を学ぶため、私費で留学しながらアルバイトで生活費を賄う苦学生も多く見られました。中国の経済発展に伴い、現在ではアルバイトをせずに生活する学生も増えました。新世紀に入って欧米志向が増えてきているのが現実ですが、それでもどうしても日本留学にこだわっている学生が少なくないのは、日本のアニメや漫画などの文化に触れてきた環境が大きな原因となっていると考えます。

一方、日本人は元々中国に対する興味を自分の目で確かめるために短期で留学するケース、または中国語を勉強したら就職に有利と思い留学するケースが多かったと思います。以前は中国で語学、文学、歴史の高級中国語研修班に入るケースが多く、その後は経済関係が密接になった影響

か法律や経済を学ぶ人が多くなっています。最近では理工学部へ留学するケースも増えてきました。中国は以前からほとんどの学生が自然科学を専攻し、今では人文、社会科学が6割を占めています。現在は新型コロナウイルス感染症の影響で直接中国に行く留学は難しいですが、留学希望者は減っていないと考えています。中国政府奨学金の応募者は2017年当時と比べても現在の方が倍率が高く、中国語検定試験のHSKを受験した人数は2021年延べ3万5000人、今年も増加傾向にあります。また留学は中日関係に左右されると思いますが、将来的な両国の関係や経済関係などを考慮し、冷静になって中日留学を選ぶ層が増えてきているように感じます。

Q. これから中日両国の留学交流が促進されるためには何が必要でしょうか。

古代は日本が中国から学び、近代は中国が日本から学び、国交回復後は双方間の交流になりました。そのため、今後も両国の双方間で往来、交流していく必要があります。日本は21世紀に入ってからは海外留学希望者が減少傾向ではありますが、「トビタテ！留学JAPAN」など政府による留学促進プログラムも10年近く行われています。また日本学生支援機構を通して、日本各地の大学への中国留学PRや、海外留学フェアに参加していますが、日本は豊かな生活を享受できるため海外に行く必要を感じない人が多いのが現状です。中国は常により良い生活を求め、競争意識が強いので、裕福でも留学させたいと考える親が大多数です。そのため、新型コロナウイルス感染症の終息後には

より多くの日本人にどのように中国に足を運んでもらうかが課題になります。中国は距離も経済も日本と一番密接な関係にあります。中国を理解し、中国と関係する仕事をすることは人生にとって必ずプラスになります。大事なことは相手国に行き、メディアに囚われない自分なりの見方を身につけることです。「百聞は一見に如かず」、まずは第一歩として中国に留学して、ありのままの中国を見てほしいと思います。そして、自分の目で見た中国と、既存イメージとのギャップを解決し、いついかなる時も客観的な目線を持ちながら中日両国の間で活躍する人材に育ってほしいと願っています。

Q. 現在中国留学のために日本で待機している学生たちがたくさんいますが、教育処としてはどのようにお考えでしょうか。

新型コロナウイルス感染症は中日両国の青少年たちに大きなダメージを与えたかもしれません。しかし常に困難を乗り越えて成長するのが人生であり、大変な時期だからこそ目標を見失わず、努力して叶えていくことが大切です。留学はできなくとも、情報社会の現代はインターネットで授業を受けられ、SNSで日々両国の交流をすることが出来ます。大使館としてもオンラインでの交流会や、日中友好協会などと提携してスピーチ大会やフォーラムなども企画しました。また日本の各大学にある中国人学友会と一緒に中日国交正常化50周年を記念するイベントも企画しており、日本人の学生にも是非参加してほしいと思っています。記念活動を通して、中日関係の行くべき方向性を共に考えてもらうきっかけになれば幸いです。

Q. 中日国交が正常化してからの50年にわたる両国の留学往来をどのように評価されますか。

留学交流はこの50年の中日相互交流に大きな役割を果たしてきました。多くの優秀な人材を輩出した事はもちろんのこと、国の発展や経済協力など、多岐にわたり貢献をしてきました。正式な統計はないですが、中国人留学生だけでも100万人以上が日本に留学し、中には中国国内で大臣クラスになった人材や、大学学長クラスも100人単位で存在します。もちろん、留学を終えてからも日本に残る留日組も数万人、日本国内の大学に務める人材は2000人以上、これこそ留学を通して誕生した両国の宝物と言えるでしょう。またこれらの人材の活躍により、中日両国の大学間では5000以上の協定、友好姉妹校は300校以上結ばれており、当初は政府主導だった留学交流が、現在で

は民間の手によって大きく主導されてきていることも伺えます。今後も留学生交流を活発にするために、我々中国大使館教育処はもちろん、日本側とも共に努力を重ね、官民手を取り合いながら、より良い留学環境、奨学金、交流プログラムを提供、発信していきたいと思います。

Q. 今後中国大使館教育処としてはどのような方面に力を入れて取り組んでいく予定でしょうか。

私は累計3回目の大使館勤務になりますが、今回の赴任で一番力を入れていることは中日青少年交流の拡大です。特に1人でも多くの日本人青少年に中国へ行ってもらいたい、そのためにも大学生訪中団などの訪問プログラムや、長年止まっている中国への修学旅行復活のため、日本の政府と掛け合いました。2019年には中日ハイレベル人的・文化交流対話が実現し、中日両国間で2020年の修学旅行復活に合意がなされました。この合意は現在も有効なので、中日両国の正常な往来が復活した暁には、数多くの中高生が中国を訪れることになるでしょう。また、2018年には全日本中国留学経験者の同窓会の設立を支援し、常に300人以上集まる非常に大きな会となっており、中には国会議員、大企業の幹部、起業家など、多分野の第一人者が参加しています。2019年には日中友好協会中国留学・友の会の設立を手伝いました。毎年テーマを決め交流フォーラムを行っています。今後は同窓会プラットフォームを活用して中国留学成功ケースの発信や、リアルな留学の状況や留学体験の報告会などを定期的に実施することで、中国留学はもちろん、奨学金の魅力を多くの日本人青少年に伝えていきたいと考えます。さらに大使館において日本大学生中国短期研修旅行奨励プログラムをこれから実施します。

2017年、中国留学経験者の集い

約50年にわたり中国公費留学事業を運営

公益社団法人
日本中国友好協会
JAPAN-CHINA FRIENDSHIP ASSOCIATION

ASSOCIATION

写真提供 / 公益社団法人日本中国友好協会

　日中友好協会は、中華人民共和国が成立した1949年10月に準備会が発足し、1年後の1950年10月1日に、日中戦争の反省の下に日本と中国の平和と友好を願う人々によって東京・一ツ橋で結成された。

　結成直後から在華邦人の帰国の実現、日本に強制連行された中国殉難者の遺骨送還、北京・上海等での日本商品展覧会の開催、東京・大阪等での中国商品展覧会の開催、また、歌舞伎市川猿之助一座の中国公演、中国京劇団の名優梅蘭芳一行の日本公演などに取り組んできた。さらに、1965年には「青年大交流」など多彩な民間交流を通じて日本と中国の国交正常化実現をめざして活動を行った。

　2000年5月に外務大臣より社団法人の許可を得て新たなスタートを踏み出し、さらに2012年3月には、内閣府より公益社団法人に認定された。2015年からは中国政府からの要請を受け、毎年日中友好大学生訪中団の派遣を行っている。2017年11月には、各界の青年層の日中友好活動の発展と継続、ひいては世界の平和と安定に寄与することを目的として、全国青年委員会が設立された。各都道府県で活躍する青年メンバーを中心とした訪中事業や交流事業が展開されている。

　現在は日本全国に各都道府県日中友好協会、市区町村日中友好協会が全国に350余り、会員数は1万人以上いる。

2013年、公費留学の研修会

2019年、全国青年委員会訪中団の天安門広場にて

2019年、日中友好協会中国留学友の会同窓会

公費留学生派遣事業のスタートは日中国交正常化の翌年、1973年の秋。中国から日中友好協会に留学生派遣の提案があり、中国教育部の受け入れによる公費留学生派遣事業（中国政府奨学生）を1974年3月に開始、そこから今日まで毎年継続して行っている。

当初は北京語言学院（現北京語言大学）に入学し、1年間中国語を学んだ後、大学の専門課程に進学していた。1970年代末から80年代初頭に入り私費留学及び短期留学の実施を始め、多い時では1年間に200名ほどの留学生を派遣した。2000年代に入り、日中大学間の交換留学プログラム提携が増えてきたため、2011年からは公費留学生の派遣のみを実施している。

本事業は2021年で47年目を迎え、延べ827名の公費留学生、1996名の私費留学生を中国へ派遣してきた。中国に興味のある青年たちに中国へ留学してもらうことで本当の中国を知ってもらい、将来の日中友好を担う懸け橋として貢献する意欲のある人を育成することが本事業の目的とされている。

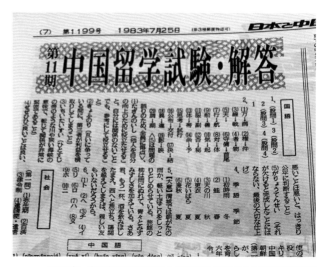

1983年、当時中国留学するために以前課されていた筆記試験の内容

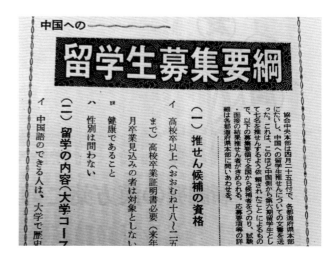

1978年、当時の公費留学生募集要項

（公社）日本中国友好協会派遣
中国政府奨学金生募集要項

定員	：	20名
選考基準	：	書類、小論文、面接の結果から選抜
奨学金内容	：	1年間の長期留学（コロナ禍中に限りオンラインも可能）
学費	：	免除
寮費	：	免除（2人部屋に限る）学外住居の場合は普通進修生700元、高級進修生1000元の補助／月
生活費	：	普通進修生3000元、高級進修生3500元の補助／月

※寮費、生活費は中国渡航しない場合は支給なし
詳細は公益社団法人日本中国友好協会の公式HPをご覧下さい。

1974年、日中友好協会第一期公費派遣留学生

これまでの **奨学金事業** の歩みと
日中友好協会第 7 期派遣留学時代の思い出

さ さ き　　 まさふみ
佐々木　政文

（公社）日中友好協会　理事

1956 年生まれ。北海道大学を卒業後、日中友好協会第 7 期派遣留学生として、1979 〜 81 年に北京語言学院と北京大学で学ぶ。82 年北海道新聞社入社。在職中の 89 年から 1 年間、再び協会派遣で北京外国語学院に留学。95 〜 98 年北海道新聞社北京特派員。その後、編集委員、論説委員、運動部長などを経て、東京 2020・スポーツ戦略本部長を最後に退職。現在は北海道日中友好協会理事長とともに、（公社）日中友好協会理事を務める。

`INTERVIEW`

Q. 佐々木理事ご自身の留学経験について教えていただけますか。

　私自身は 1979 年、第 7 期派遣留学組として北京語言学院（現北京語言大学）に留学しました。当時は中国各地で外国人を受け入れる大学は、北京語言学院のほかに 8 つしか存在せず、語言学院で中国語を学び、そこから北京大学や復旦大学など有名大学に転学するのが一般的でした。私の代は文部省 (現文部科学省) からの派遣留学、大手商社の三井物産や銀行、パナソニックなどの企業派遣留学が一斉にスタートした年だったと記憶しています。それ以外に外務省、日中学院からの派遣留学生も加わり、総勢 80 人余りの日本人が北京語言学院で学んでいました。前中国駐日本国大使の横井裕さんは外務省の派遣留学、ソニー中国前総代表の高橋洋さんは同じく日中友好協会の派遣留学でしたね。私自身は語言学院で 1 年間中国語を学んだのち、北京大学では 1 年間中国哲学を学びました。語言学院には欧米はもとより、アフリカやアラブ諸国からの学生が多く、時代背景もあってカンボジアからも新たに留学してきたのを覚えています。その後、日本に戻り地元の新聞社に勤務しながら、日中友好協会の会員を続けてきました。東西冷戦の崩壊を目の当たりのする中で、再び留学したいという気持ちに駆られた私は、1989 年に協会の試験を受けて、北京外国語大学へ留学することが決まりました。ただ、89 年といえばちょうど天安門事件が起きた年でしたが、北京に留学していた知人からも話を聞き、安全だということだったので妻子同行で渡航しました。留学中の 1 年間は妻も留学生として中国語を学び、双子の子どもたちは北京外国語大学附属幼稚園に受け入れてもらいました。その後は、特派員として 3 年北京に滞在するなど、北京とは縁が深いと常々感じております。

Q. 日中友好協会ではどのようなきっかけで日本人に奨学金を発給するようになったのでしょうか。

　日中国交正常化が実現し、両国の青少年交流を促進する動きがある中で、中国大使館から留学事業に関する提案があり、1974 年 4 月 5 日に 11 名の学生が北京語言学院に向けて出発しました。出発当日には羽田空港に中国大使館の参事官が見送りに来るなど、中国側としても非常に期待を込めた事業の一つであることが伺えます。その後、倍率が高まったことから私費留学も始まり、より多くの日本人に対して安心して中国に渡航し留学生活を送れるようなサポートを行ってきました。現在は公費留学のみの募集となり、また昨今の情勢からオンライン留学で中国語を学ぶ学生もおり、そういった学生たちへのケアや、日中オンライン交流の企画などを通してサポートを行っております。

1979年、佐々木理事の留学合格発表が掲載された紙面

1974年、日中友好協会公費留学生 北京語言学院での講義風景

1989年-90年、北京外国語大学の外国人クラスメイトたちとの集合写真

Q. 奨学金はどのように普及して来たのでしょうか。

　基本的には各都道府県にある日中友好協会や関連団体を通しての募集や、協会会報『日本と中国』を通して募集を行ってきました。現在は HP や SNS を通しての告知や、奨学金生の生の声を届けるためにネット上で留学体験記や体験談を公開したり、日中友好協会奨学金生の OB 組織である「中国留学・友の会」メンバーによる留学相談を随時受け付けるなど、より多くの人に奨学金の存在を認知してもらえるように心がけています。現在の選抜方法は書類、小論文、面接による審査になりましたが、以前は国語、数学、社会、一般常識、また英語や中国語の外国語筆記試験なども設けていました。私も当時留学時代は 2 回この試験を受けましたが、『日本と中国』に中国留学試験の過去の解答が載っているで、それを見て準備していたことを思い出します。

Q. 日中友好協会奨学金受給者にはどのような方がいますか。

　これまでに 3000 人近い学生を派遣しており、公費留学生の数も 800 名を超えています。奨学金を受給した奨学生の中には現役高校生、大学生から既卒の社会人、またろう学生などもいたと聞いています。ほぼ全ての業界に満遍なく協会の派遣留学経験者がいるイメージですが、やはり中国語教育に関連する教育者や、商社や貿易会社など中国とのビジネス最前線で活躍されている方が多いですね。また以前は正規留学の派遣留学も行っていましたが、1 年の長期留学のみになってからは、そのまま中国政府奨学金を受験し中国の大学に正規留学をする人、中国現地企業に就職して中国に残り続ける人も過去にいました。

　中国留学を志す理由も様々だと感じます。例えば日中友好協会という組織柄、協会や中国に関係する家庭の子どもが留学するケースや、日中関係の発展のために留学したい、中国の文化の根源を見たい、中国がこれから成長していく姿を見たい、という理由が大多数だったと感じます。ただ現在留学する子たちは、もちろん歴史が好きだという人も

一定数いますが、それよりも世界経済第 2 位で、世界で最も発展している中国を見たいという意見や、中国のエンタメ文化等に興味関心のある子、そしてテレビやネットなどの報道ではなくリアルな中国を見てみたいという理由から留学を志していると聞いています。

Q. 日中友好協会の奨学金を受けようと考えている未来の中国留学希望者へメッセージをお願いします。

　現在は日中の大学間での交換留学締結が増えており、友好協会を通さずに留学するケースが増えています。また公費留学という存在があまり知られておらず、元から中国語が一定以上話せないといけないと思われてしまうことがあると感じます。ただ私たちの奨学金は学位を取る正規留学ではなく、本当の中国に触れてもらうための 1 年間の語学留学プログラムです。大事なことは、今喋れるかどうかではなく、中国語という学問に対する取り組み、そして中国に対する気持ちです。この点を書類や面接で確かめています。

　公費留学ということで金銭面での補助があることは大きなメリットですが、それ以外にも公費留学制度の中で同窓会組織を持つのは日中友好協会だけであり、このプラットフォームを活用できることも大きなメリットの一つと言えるでしょう。このメリットを活かしつつ、中国での留学生活でたくさんの事を学び、体験し、その一つひとつを、本当の中国を日本に発信してもらいたいです。また留学中には本当の日本を、日本人を中国の人々に発信し、日中草の根交流を通して両国の青少年交流に貢献してもらいたいと願っています。

2005年、五道口会（70年代から80年代初頭に
北京語言学院に留学した日本人の集まり）の集合写真

日中の留学生支援、民間交流に寄与

公益財団法人
東華教育文化交流財団

写真提供 / 公益財団法人東華教育文化交流財団

東京華僑総会の発起と3億円の基金拠出により、1988年に財団法人東華教育文化交流財団が設立された。陳焜旺初代理事長を筆頭に中国人留学生及び日本人や在日華僑の訪中留学生における留学生交流の推進を図るため、奨学援助を行うとともに、日中両国の教育、学術、文化交流のための事業に対して助成を行い、日中両国間の相互理解と友好活動増進に寄与することを目的として、これまで数多くの事業を推進、成果をあげてきた。主な事業内容は、中国から日本、あるいは日本から中国に留学する学生に対する奨学金の支給、奨学金の支給を受ける留学生に対する生活指導及び助言、日中間の教育、学術、文化交流に対する助成、その他目的を達成するために必要な事業である。冠名の東華は「東京華僑」の略称。2010年に公益財団法人への移行が認定され、現在に至る。

2010年10月、赤坂御苑での秋の園遊会に招かれた江洋龍第2代理事長夫妻

2007年11月　暨南大学日本校友会創立時の記念写真

〈2022 年 3 月 までの詳細データ〉

奨学金	対象	月額	累計受給者	累計支給額
私費中国人留学生奨学金	日本の大学・大学院に留学する中国人	10万円	974名	7億6576万円
私費訪中留学生奨学金	中国の大学・大学院に留学する日本人等	3万円	755名	1億2721万円
華文教育奨学金	北京華文学院・華僑大学・暨南大学に留学する在日華僑華人	3万円	32名	654万円

助成金	対象	支給額	累計助成事業数	累計支給額
教育学術文化交流助成金	日中両国の教育、学術、文化交流を通じて両国間の相互理解と友好増進に寄与する事業	申請に基づき査定（上限 500 万円）	290 件	2億8672万円余

2018年10月13日　祝賀会で東華教育文化交流財団の30年の歩みを回顧しながら親しく歓談する僑胞と日本の友人たち

2018年10月13日　東華教育文化交流財団の創立30周年記念祝賀会

2019年4月13日　奨学生懇親会　首都圏に在住する7名の中国人留学生と理事、監事及び選考審査委員ら12名が参加。

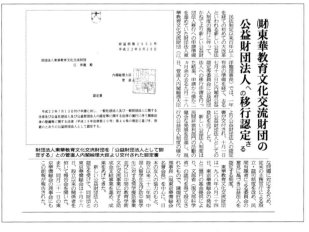

2010年10月1日　財団法人東華教育文化交流財団を「公益財団法人として認定する」との菅直人内閣総理大臣より交付された認定書

在日華僑への **教育拡充** を目指す

東華教育文化交流財団の奨学助成事業の取り組み

CHEN　LONGJIN

陳　隆進

公益財団法人東華教育文化交流財団　理事長

1960年、北海道生まれ。在日華僑二世。東京華僑総会が派遣する祖国留学第一陣メンバーとして福建省、広東省に留学。暨南大学中文系漢語専修班卒業後、日中間のビジネスに従事。その後、東京華僑総会副会長兼事務局長を経て、2020年に同会会長就任。2021年に東華教育文化交流財団理事長に就任。その他にも多くの在日華僑団体で重要な役職を兼任する。

INTERVIEW

Q. 東華教育文化交流財団を設立した経緯についてお聞かせください。

　財団自体の設立は1988年ですが、設立の母体となった東京華僑総会は中日国交正常化前から両国の橋渡しとして中日友好事業等の重要な業務を担っており、中国国務院僑務弁公室を通じ、北京華文学院（旧北京華僑補習学校）、華僑大学、暨南大学と提携して在日華僑の祖国留学を推進する事業を行っていました。当財団を設立するきっかけとなったのは旧満洲国高官が日本で保有していた多数の不動産処理問題です。華僑事務委員会（後の僑務弁公室）と協議した結果、東京華僑総会が管理処分を依頼され、その財産処理方法を検討していた際、当時の陳焜旺東京華僑総会会長が財団設立の音頭を取りました。その後、その時の財産を財団の基本財産として寄付が行われることになりました。2010年には、当時の江洋龍理事長夫妻が当時の天皇皇后両陛下が主催する赤坂御苑での秋の園遊会に招かれるなど、日本社会において東華教育文化交流財団の公益事業が一定の評価を得た証と言っても過言ではないでしょう。

Q. これまでどのように奨学金を支給し、学生を支援されてきましたか。

　1988年に財団を設立してから、私費中国人留学生は1000名近く、私費訪中留学生は800名近くの学生に支援を行い、その合計支援額は9億円近くに上ります。財団設立当初は日中学院や中国大使館教育処からの推薦等を受けて奨学生を募集していましたが、現在は留学生が個人で申請する形となっています。もちろん、指導教官による推薦書等の提出は必要です。奨学金受給経験者の中には、日本の大学で首席卒業を果たし現在研修医として日本の病院

に勤務する者、国立大学の准教授で少数民族の音声研究のために中国留学した者など、優秀な学生が多数います。現在は新型コロナウイルス感染症の影響から中国に渡航できず、オンライン授業を受けている学生もいますが、我々の財団ではこれらの訪中留学生たちへも特例として奨学金を支給しています。その他にも、在日華僑華人の中国語習得、中国語能力の向上を主な目的とした奨学事業の実施や、中日間の教育学術文化交流事業に対して助成を行っています。

　また、2007年に暨南大学日本校友会が設立されましたが、東京華僑総会では、同校友会と協力して暨南大学への推薦を行っています。推薦留学の場合は筆記試験免除となり、書類や面接審査で中国名門の暨南大学に入学ができます。2022年は新たに39名が暨南大学に推薦入学しました。卒業生の中には中国関係で働く人材が多く、大手商社や証券会社、中国系の大手会社などに就職した学生がたくさんいます。

1980年 中国暨南大学中文系漢語専修班写真

1981年、暨南大学恩師と同級生の記念撮影(水掛け祭り)

Q. 財団の運営と今後の方針についてどのように お考えでしょうか。

　当財団は、収益事業は一切行わず、基本財産等の利息収入によってこれまで事業を展開してきましたが、マイナス金利等の影響から今後の運営を考えるフェーズに来ているのではないかと考えています。もちろんそれは奨学生への奨学事業や助成事業を取りやめるという意味ではなく、今後の永続的な運営を見据えた事業運営の見直しや、日本人の対中感情改善のためにも、日本人学生の中国留学のための支援も拡充していきたいと考えております。奨学金支給の団体は他にもありますが、我々の特色としては在日華僑との太いパイプです。中国からの留学生を受け入れるにあたっての支援活動を今後も拡大していき、加えて日本という場所から祖国とルーツを持つ学生たちへの支援を行っていきたいと思います。

　私は東京華僑総会会長も兼任しています。総会としては、財団とも協力してかねてから言われている在日華僑への教育拡充により力を入れていくといったことを考えています。日本における在日教育に関しては韓国、朝鮮などの学校教育は華僑よりも1歩も2歩も先に行っていると思います。学校総数や歴史も比べ物になりません。在日中国人が100万人と言われている中で、現存する華人華僑向けの学校は一体いくつあるでしょうか。高校も存在しなければ、120年以上の歴史を持つ学校は2つしかありません。日本の老華僑は3世、4世も増えており、この代だと自身が中国人だと意識する機会が薄まってしまうため、中国文化や中国語教育をしっかりと施せる教育機関を作ることは喫緊の課題と言えるでしょう。

Q. 陳理事長ご自身も中国に留学されたと伺いましたが、当時のことについてお聞かせください。

　私自身は北海道生まれの華僑2世です。日本人と全く同じ環境で育ったのですが、父親が福建同郷人と中国語で話す姿を見て自身の中国とのルーツを意識し、高校を卒業し

たタイミングで、当時の「改革開放」路線の下、東京華僑総会により在日華僑を対象とした祖国留学の募集が行われました。これはチャンスだと思った私は初めて中国パスポート申請し、中国入国に必要なビザを取得して、祖国留学第一陣の一員として1978年に中国へ渡りました。祖国留学にあたり、中国パスポートなのにビザが必要だったり、兌換券を使用するのですが外国人と中国人待遇どちらでも対応できたりと、制度が少し整っていなかったのを今でも覚えています。留学先ですが、当時は福建省にある華僑大学は理系、広東省にある暨南大学は文系を学ぶ大学と言われており、最初の1年は中国語学習のために当時の広州華僑補習学校、廈門集美華僑補習学校に通い、その後、暨南大学の中国語学科に学部生として入学しました。当時は10人ほど日本華僑がいましたが、それ以外にはタイからの華僑が多かったですね。

Q. 今後日本、または中国（祖国）留学をする学生たちに期待することは何でしょうか。

　私自身は恩返しのつもりで華僑の世界に入りました。同郷のための活動をサポートする中で、日中間の自身の経験を活かし、教育を含めた国際的人材育成に貢献したいと決意して、日々活動しております。今では多くの日本生まれの華僑が存在しますが、自身のアイデンティティと向き合う機会が無いまま大人になってしまう人も数多く存在します。私自身も高校を卒業するまで意識する機会は少なかったものの、祖国留学を果たしてからは自身の環境と向き合い、強みも得ることができました。祖国のリアルな環境に触れて、日本と中国二つの国を総合的に理解してこそ、今後も変わらない真の中日友好の道があると信じます。

1982年頃、中国暨南大学ルームメイトのタイ留学生との写真

未来志向で日中両国の永久平和と相互理解を促進する

笹川日中友好基金
●●●●●●● SASAKAWA PEACE FOUNDATION

FOUNDATION

写真提供 / 笹川日中友好基金

「理解を促し、人を育て、協力を重ね、未来を創る」という方針のもと 1989 年に設立された民間最大規模の基金を基礎とする笹川日中友好基金は、設立から今日まで日中両国民の相互理解を促進するとともに、建設的な協力関係を構築する環境を整備するために数多くの事業を運営してきた。人的交流と対話、相互理解に資する情報提供と環境整備、両国の社会経済発展のための経験共有と協力の強化を柱としている。特定分野に特化した日中両国のますますの人的交流と相互理解促進のため、ひいては東アジア領内における日中と他国の連携を意識しながら、これからも事業を展開していく。

1998年、日本語学習者奨学金事業上海外国語大学の受賞者たち

笹川日中友好基金が展開する事業の柱

❶ 日中両国民の相互理解を促進する人的交流と対話

さまざまな分野で相手を知るための民間対話の機会を拡大し、緊密な人脈を形成する。若手リーダーの交流をサポートするなど新たな両国間の意思疎通チャンネルを構築し、今後の日中関係のあり方を提言する。

❷ 相互理解に資する情報の提供と環境の整備

有識者、メディア関係者等の質の高い知的交流の場を提供するなど、客観的情報が相互に発信される場の形成と環境の整備を行う。特に、中国においてリアルな日本理解を促進するため、書籍や Web サイト・SNS を活用した情報発信を継続していく。

❸ 両国の社会経済発展のための経験共有と協力の強化

社会課題解決に向けて互いの国の経験や教訓を学び合える機会を提供し、成果が広域に及ぶよう日中両国における発信の強化を図る。また両国の社会課題解決に資するだけでなく、相互理解の促進を図る。

2019年、自衛隊佐官級訪中、人民解放軍空軍基地訪問

2005年8月29日、部隊視察後、陸自の隊員たちと共に札幌の藻岩山を登山

事業テーマの例
・中国メディア関係者およびオピニオンリーダーの招へい
・日中有識者交流
・国際法分野における日中交流促進
・日中佐官級交流プログラム
・日中伝統工芸文化関係者交流
・ウェブサイトによる情報発信
・中国SNSアプリによる情報発信
・中国農村リーダーの日本研修

2011年、中国の地方大学の日本語学習者が訪日した際の授業風景

1991年、私立大学で学ぶ中国人奨学生（笹川中国人留学生奨学金事業）と審査員たち

笹川日中友好基金が貢献してきた
日中両国 **相互往来事業** の成果とは

YU ZHAN
于 展

笹川日中友好基金　室長

北京外国語大学卒業後、同大学助手、北京日本学研究センター助手を歴任。その後、東京大学大学院教育学研究科に留学、修士号（教育学）を取得。1995年より笹川平和財団に勤務。研究員補佐、研究員を経て、主任研究員。2004年よりコロンビア大学に留学し、同大学で博士号（哲学）を取得。2009年より笹川日中友好基金室長、今日に至る。

INTERVIEW

Q. 笹川日中友好基金が設立されたきっかけを教えてください。

　笹川日中友好基金は、1989年12月、日中両国の永久平和と相互理解の促進を目的として日本財団の援助によって笹川平和財団内に設立された地域基金の一つで、世界の恒久的平和を切望した日本財団初代会長・故笹川良一氏による発案で作られました。本基金が設立される直前には第二次天安門事件があり、日本国内では異色な目で見られていたと聞きます。当時の笹川会長は、氷河期のような時代だからこそ日中間の交流を途絶えさせてはいけないという想いから、政府間では難しい日中の人的往来を民間という立場から促進するために多くの事業を実施してきました。

Q, 時代ごとにどのような支援事業を行ってこられたのでしょうか。

　上述の通り、基金設立初期の1990年は様々な分野の人を日本に招待しようと動き、医者、芸術家、地方公務員、国営企業の経営者など数多くの方の訪日を実現し、多分野間での日中人材の繋がりを結びました。92年にはオリンピックアジア大会が中国で開かれたことをきっかけに中国と海外のやり取りが盛んになり、中国経済の中でも国有企業の民営化を果たし、移行経済を成し遂げることが至上命題となっていました。そこで中国国家統計局幹部の日本研修、行政官の日本研修、中小企業法の立法プロセスや中小企業診断士の系統的なシステムの紹介など、短期研修を中心とした人的往来を1992年～98年までの約6年ほど中心事業として行い、中国社会のシステム構築化に貢献して

1990年10月、来日した大手企業家訪日団が日本企業の生産現場を視察

1990年10月、来日した黄菊上海市副市長（当時）及び中国市長と大手企業家訪日団が10月26日に記者会見（最初の浦東開発の説明会も兼ねて実施）

1990年10月、上記中国側訪日団と日本の企業経営者と交流

北京大学国関係学研究講座大学院生修士論文答弁の場面

1997年、日本語講演コンクール

きました。

　その後、98年には当時の江沢民国家主席が訪日、歴史認識の問題が表面化し始めました。この時も各分野、各レベルからの相互理解が大事だと考え、この問題解決を第一の方針として理解促進関連の事業を多数運営してきました。このように、80年代、90年代は日中間の経済格差もあり、中国から日本に招待する機会が多かったものの、現在では観光客1000万人時代であり、中国経済も一定の発展を遂げたため、中国人企業家や行政官の訪日等の事業は少なくなり、特定分野の人的交流を事業運営の指針とし、日中のこれからを牽引するリーダー人材、中国で活躍する日本語教師の育成、また、SNSを通じた日中両国の情報発信などで両国間の相互理解を促進しています。

Q. これまで印象に残っている留学関係の事業はありますか。

　1事業に対して長期的に支援を行うことは少ない中で、長期助成事業となり、且つ留学事業にも関連する事業を2つ紹介したいと思います。

　1つ目は中国の国際関係分野の人材育成です。1990年代前半、中国にはまだ国際関係学という学問はありませんでした。将来の日中関係を考え、国際関係に特化した人材育成が不可欠と考えた私たちは、93年から北京大学と協議し、94年から北京大学国際政治学部とタイアップして本事業をスタートしました。3年制修士課程で学ぶ学生たち

の中から10名を選抜し、日本をはじめとする世界各国の国際関係学専門家による特別講座、修士2年時の夏休み期間中に1ヶ月の日本研修の手配などを財団の事業費用で賄いました。本事業を3年間行ったのち、日本財団に事業が移行したものの、事務局機能は笹川日中友好基金が引き継いで合計23年間に及ぶ異例の長期事業助成となりました。1999年には北京大学が中国国内初の国際関係学学院（専攻）を開設しましたが、これにも一定の貢献をしたと感じます。また当該期間中は北京大学と、早稲田大学の博士課程及び東京大学の修士課程との間でDD（デュアルディグリー）プログラムの締結も行いました。早稲田大学とは事業助成終了後も大学間でDDプログラムが現在も継続して行われているとのことです。

　2つ目は1999年からスタートした中国人民解放軍、いわゆる制服組の日本語人材育成交流プログラムです。日中両国の防衛関係者同士の交流が少なく、中国軍日本語担当者も日本での留学や研修経験がないため、要人通訳を始めとする業務に困っていると国防部から相談があり、中国軍への日本語教育や、国際政治、国際関係等の講義を実施しました。また国防部と交渉した結果、通常半年しか海外滞在できない条件を特例で変更し、当初は慶應義塾大学、後に早稲田大学への1年間の留学プログラムを合計10年間、累計20名の最前線で活躍する中国軍日本語人材を育成することができました。また留学経験者の中で北京大学国際関係学学院社会人入学した者へは学費全額補助のサポートも行いました。これらの

2001年8月、北京大学国際関係学研究講座の大学院生たちが日本に短期留学、笹川陽平氏（当時の笹川日中友好基金運営委員長）と

2005年8月29日、中国人民解放軍佐官級訪日団が陸上自衛隊第7師団を交流訪問

2010年8月、日本への短期留学

卒業生のうち、現在は国防大学の教員や大使館の武官室など、日本向けの渉外担当で活躍している人材がいます。

このように、特定分野の人材交流の中には留学要素が含まれているというケースも多々あります。

Q. これまで取り組んでこられた青少年交流について教えていただけますか。

主に日本語を専攻している内陸部の学生を中心に、長期休暇期間に訪日させるプログラムを数多く展開してきました。例えば92年には内モンゴル等で日本語を学ぶ高校生のホームステイで約100名、2008年からは中国南西部、北西部の日本語専攻の大学生たちを約200名、また中国の民族大学や師範大学から日本語専攻の少数民族学生を選定し、日本研修を実施しました。これらのプログラムは日本社会の体験、語学力の向上はもちろん、日本語学習の動機付けに繋がることを1番の目的として考えています。物理的にもこういった機会がなければ来日はもちろん、普段から日本人と接する機会も少ないため、こうした日本語人材の継続的な育成支援のために上記のプログラムを助成、運営してきました。

また日本国内では残留孤児2世の教育支援、私立大学の主に修士課程で学ぶ中国人留学生約100名へ奨学金の給付や、関連団体である東京財団政策研究所では世界40ヶ国69大学の中にヤングリーダー奨学基金を設立し、その運用益で主に人文社会科学を専攻する大学院生に奨学金を発給しています。中国では10大学が対象となっており、北京大学はもちろんのこと、それ以外にも新疆大学や内モンゴル大学など、地域ごとに割り振っていることも特徴的です。本奨学金生で世界各国の卒業生の約半数である8000人以上が中国から卒業しています。そして日本財団が関連団体の笹川記念保健協力財団を通して、日中医学協会という組織を作り、中国衛生部と協力して毎年100名の中国人医者を日本に招き、研修を行う事業があります。この事業は1987年から現在まで継続して行っているマラソン事業で、3000人近い人材を笹川医学奨学金制度として受け入れています。これらの事業も実は我々笹川日中友好財団が連絡調整の窓口として裏で支えています。

Q. 今と昔で日中若者にはどのような違いにがありますか。

中国人に関しては、昔は経済的な理由で欧米ではなく日本への留学を選ぶ学生が多かったです。また民間団体、財団、基金等の支援がなければ日本留学が難しいケースが多かったですが、中国経済の発展に伴い、今ではアルバイトをせずに勉学に専念できる学生が増えた印象を持ちます。日本を選ぶ理由も、若者自身が日本の事柄に関心があり、そこから自身の意思で欧米ではなく日本へ留学を決めるケースが増えたと聞きます。今では見た目やトレンド志向も日本の若者と接近しており、両国の青少年交流がどのように進展していくのか期待の気持ちを持ちながら見守っています。

日本人に関しては、90年代には中国出張に行きたくないとぼやく会社員をたまに見ていましたが、中国の経済発展に伴い最近ではそのような話は聞かなくなりましたし、出張帰りの人からは良い印象を持ったという話も多々聞きます。ただ中国に留学する人の数は全く変わらず、インドや韓国などに留学する人の数の方が増えています。日本と中国の経済、文化交流の規模を考えれば意外なことであり、これは潜在的なイデオロギーに関わっているのではないかと考えます。日本のメディアでは外交面、安全保障面の報道や、中国の一党独裁政権、統制管理社会というイメージが独り歩きし、日本人が中国に対して持つイメージに一定の影響を与えています。このギャップをどのように埋めるか、これは今後の日中関係を改善するにあたり至上命題の一つであり、財団としても日本人に向けて中国理解を促進するコンテンツの発信を行ったり、90年代から2000年代にかけて日中リーダー間のネットワークも構築しました。中国は常に変化しており、いつまでも70年代、80年代のイメージにとらわれてはいけません。世論の良し悪しに関係なく、等身大の相手国を知ることが大事です。90年代は等身大の日本を中国に知ってもらう事業が中心でしたが、今後は等身大の中国を多くの日本人に知っても

1998年、日本語学習者奨学金事業の授賞式（上海外国語大学の受賞者たち）

2006年、解放軍日本語関係者留学

らうため、従来の専門家から、一般のビジネスマンや学生に向けても発信を届けていこうと試行錯誤しています。論文発表会のような形から、日中両国の青年が対話できるワークショップ、メディアと協力し中国のポジティブな面の発信、またこれまで32年間活動してきた成果を、事業に携わった人々へのインタビュー形式で発信していくことを考えています。このような事業を通して、中国を理解する人材を育成し、中国人としっかり話し合うことができる環境を作っていくことが大事だと思います。またコロナ禍の新しい試みとして、北京大学国際関係学院と提携して、日中若手国際関係学の学者同士の交流を深めようとしています。これまで本財団が関与したコースで学んだ学生は200名近くおり、卒業生たちのネットワークの再構築はもちろん、ひいては人文社会系の学者間での知的交流を促進していくプラットフォームの建設を目的としています。

Q. これまでの事業に参加した学生の中で印象に残っている方はいますか。

　本財団の助成プログラムに参加した学生や参加者の中には多くの人材がいます。日中関係の学術分野で活躍している人材はもちろんのこと、例えば中国でも著名なスポーツ記者になり、サッカーの中田英寿選手、小野伸二選手の取材を行ったことのある人、行政で活躍する人、外交部ASEAN事務局に勤められた人、数え上げればきりがありません。また行政や政治家間の交流も行っており、多くの市長が訪日されたこともありました。92年に行った若手政治家交流では中国と関係する日本の政治家が数多く参加し、その中には小渕恵三先生、中西啓介先生、塩谷立先生、野田毅先生、石破茂先生などが参加されていました。他にも佐官プログラムに参加した学生の多くは現在でも国防部の日本担当として活躍する人が多く、まさしく各分野に本財団と縁のある優秀な人材が活躍されていることを嬉しく思います。

Q. これまでの事業の総括と今後の展望についてお話いただけますか。

　目まぐるしく変わる日中間の時勢に対応しながら、基金設立から30年以上様々な事業を助成、運営してきました。成果としては、これまで418件の事業を行い、累計1万8000人以上の往来を果たし、数多くの分野で本財団が助成した人材が日中双方の架け橋となって活躍しています。例えば佐官級交流で中国の海軍担当者を引率して広島県呉市の海上自衛隊幹部候補生学校を訪問した際、周りの関係者は非常に緊迫した雰囲気を醸し出していたものの、学校長は以前日本側佐官プログラム訪中時の団長として参加した経験があり、とても友好的に我々を受け入れてくれました。これこそ、我々が人的往来を通して構築してきた日中間の人材ネットワークの成果と言えるでしょう。基金設立当初は、中国に等身大の日本を知ってもらうためのきっかけ作りから、中国の発展に貢献するための教育や社会制度等の支援を重要方針として進めてきました。現在はインターネットを通じた情報発信が大部分を占めるので、この環境下でどのようにバイアスのかからない情報を提供していくか、というところを意識しています。我々も日中双方のSNSを通して等身大の姿を発信していますし、それ以外にも良書を翻訳して中国で出版するなど、情報社会において質の高い情報を多く発信してきましたが、昨今では日本人の中国理解不足が深刻だという専門家の意見も数多くあり、現在日本人向けの中国情報発信にも力を入れようと動いています。その結果、多くの日本人が中国に足を運ぶ、留学するという結果に繋がれば良いですし、今後の人的往来は双方向で進めていく予定です。

2018年9月24日、自衛隊佐官級が中国人民解放軍海軍上海基地を訪問

1991年、中国人奨学生は笹川陽平（当時の日中友好基金運営委員長）から奨学金を受領

日中国交正常化後、日本で初めて中国国費留学生を受け入れた大学

創価大学

写真提供 / 創価大学

1971 年に設立された私立大学。1975 年に同大学創立者である池田大作氏自らが身元保証人となり、中国から初めての国費留学生 6 名を受け入れる。その中には後に中華人民共和国駐日本国大使となる程永華氏（現中日友好協会常務副会長）、元札幌総領事の許金平氏などが居た。1980 年日本の大学として初めて北京大学と協定を結び、北京大学への留学生派遣を開始。その後、復旦大学、武漢大学など、中国の名門大学と協定を結び、現在では中国にある 61 の教育機関と協定を結んでいる。2006 年には創価大学北京事務所を設立し、中国現地に留学している日本人学生のサポート、中国人学生の募集、関係機関との定期的な交流を行っている。2007 年からは北京語言大学と提携して DD プログラム（デュアルディグリー）を開始、2 年間創価大学、

2 年間北京語言大学に留学し、両大学の学士を取れる当時の日本でも最先端の取り組みを行っている。また、中国の大学で 2 年、創価大学で 2.5 年留学し双方から学士を取得できるプログラムも行っており、数多くの中国人学生が創価大学で学んでいる。大学内には周恩来元総理を偲んだ周桜、鄧穎超夫人の来日を記念した周夫婦桜、中国から寄贈された書籍などを収蔵している中国館などの施設があり、定期的に中国駐日本国大使館や日中関係団体が訪問・参観している。特に周桜は、池田大作氏の提案で、日本での桜の思い出を語られる周総理の思いをつなぎ、日中国交正常化後に日本で初めて受け入れた中国からの国費留学生 6 名と日本人学生が一緒に植えたものである。その後、日中友好の象徴として毎年「周桜観桜会」が開催されている。

創価大学
ここがすごい！

中国の教育機関提携数：**61** 箇所
日本人の中国派遣数：累計 **900** 名
中国人留学生受入数：累計 **1000** 名
中国交換教員受入数：累計 **300** 名

北京大学、清華大学、復旦大学、浙江大学などの名門大学や、上海甘泉外国語中学、長春外国語学校などの日本語教育最高峰の高校とも提携を結び、留学生の相互交流や共同シンポジウム等の学術交流を行なっている。

2012年、日中国交正常化40周年記念で創価大学図書館内に「中国館」を開設

1975年11月、創価大学内で周恩来総理を記念するために植えられた周桜

2006年、北京市内に創価大学北京事務所を開設

周桜の植樹を記念して建てられた石碑 石碑の正面は中国の方向を向いている

2012年4月2日、創価大学で行われた入学式の式場で名誉博士号を授与される程永華氏

2019年4月7日、第40回周桜観桜会に参加する程永華、汪婉夫妻

中国初の国費留学生受け入れから始まった
創価大学 と 日中留学 の繋がり

たしろ　やすのり
田代　康則

創価大学　理事長

1952年、福岡県生まれ。1975年、創価大学経済学部卒業。1977年、創価大学大学院経済学研究科修士課程修了。1977〜1990年、創価学会本部、1990年より創価大学事務局勤務。1995年より創価大学理事・総務部長。1998年より創価大学副理事長。2004年より創価大学理事長。

INTERVIEW

Q. 創価大学が中国人国費留学生を受け入れるようになったきっかけを教えてください。

　中国との交流は、本学創立者である池田大作先生が1968年に日中国交正常化の提言をされたことがきっかけです。当時は中国と国交が無く、ベールに包まれた国でしたが、そのような状況下でも中国との友好を結ばなければならない、と高らかに宣言された姿は会場にいた私の目に今でも焼きついています。この出来事がきっかけとなり、国交回復後、今日まで継続している交流が行われることになりました。1974年に中国大使館の金蘇城一等書記官から創立者池田先生に中国人留学生の受け入れについて相談があり、池田先生自らが身元保証人となり、新中国初の国費留学生6名を創価大学で受け入れることになりました。

Q. 当時、田代理事長は国費留学生たちのサポートをされていたと伺いましたが、当時の様子を教えていただけますか。

　国費留学生を受け入れることになり、学内で数名サポーターを探していたところ、1973年夏に日中友好協会の学生訪中団で中国を訪れた経験のある私に白羽の矢が立ちました。当時の学内の雰囲気は今でも覚えていますが、文化大革命の影響で中国に対するイメージが偏っていたため、緊張感を覚えるなか入寮式、そして入学式を行い、実際に国費留学生6名（男性4名、女性2名）と対面しました（女性1名は少し遅れて入学しました）。年齢は21、22歳前後で、他の寮生と比べて少し年上でしたが、毎日朝から晩まで勉強熱心で、多くの寮生の見本となっていました。2年間創価大学で学んだ後、日本各地にある中国大使館、総領事館で勤務したのち、それぞれの専門分野で日中関係の最前線で活躍されています。

Q. 国費留学生の方々との交流や、程永華前駐日大使との交流で印象に残っていることはありますか。

　寮生同士の交流は最初の頃少しぎこちなかったように感じました。しかし、最初の学期末に寮祭を行った際に、留学生の部屋のメンバーで模擬店をやり、手作りで一から餃子を作って売ったことがきっかけで、寮生同士の絆が一気に深まりました。程永華さんは、積極的に寮生と交流したり、日本のテレビ番組を見て生きた日本語を学んだり、学内の中国研究会の活動にも積極的に参加していました。後

2005年、中国国費第1期留学生が周桜植樹30周年を記念して集合した

南開大学で行われた「周恩来・池田大作と21世紀青年文明間対話」で登壇する田代理事長

で聞いたエピソードですが、寮の朝食で生卵が出てきた際、他の中国人メンバーは自室に帰って卵を調理して食べていましたが、程永華さんは周りの日本人がどのように食べているか観察し、その通りに生卵を食べて、日本人の食生活について学んだと話していました。このようなことからも自発的に日本の文化を1日でも早く吸収していきたいという想いが伝わってきました。

Q. その他にはどのような中国人留学生たちを受け入れて来ましたか。

創価大学の中国人留学生と言えば、上述した1期生のメンバーばかり取り上げられますが、それ以降にも優秀な人材を数多く受け入れています。国費留学では主に中日友好協会、中華全国青年連合会から受け入れており、卒業後は大使、公使、総領事を始め、胡錦濤前国家主席や温家宝前首相などの要人の通訳として活躍された方もいます。私費留学生では修士や博士課程に進学後、中国の大学で教員となったり、ビジネスの世界で活躍している卒業生も数多くいます。これまでに約1000人の中国留学生が本学を卒業しましたが、東芝やパナソニック、日本IBM、全日空等日本国内で大手企業に就職した人もいます。また学生以外に両国の教員交換も行っており、特に北京大学、清華大学、復旦大学、武漢大学などから累計で300名程の教員を受け入れています。それが協定校との学術交流の促進に大きく貢献しているのです。

Q. 創価大学がこれまで中国に派遣してきた日本人学生たちにはどのような特徴がありますか。

1980年から北京大学への留学が始まり、これまでに約900名の日本人学生を中国に派遣してきました。卒業後は外交官、民間企業で中国駐在、新聞記者など、数多くの業界から中国と関わる人生を歩んでいる卒業生が多いです。特に上海では創価大学出身者の校友会が活発に活動しており、定期的に同窓会が開催されています。中国語を学びたいと思う学生たちの特徴としては、やはり大学と中国のこれまでの交流に賛同し、日本と中国の架け橋を志す学生が多く、普段の講義や中国人留学生との交流以外にも、中国研究会の活動にも積極的に参加しています。

Q. 創価大学の教育理念と今後の青少年交流に対する考えをお聞かせください

創価大学で建学の精神を学び、知識を磨き、人間力をつけて、社会の中で頑張って欲しいと思っています。特に社会に出てからは、自分だけ良ければいいという利己的な考え方ではなく、弱い立場の人に寄り添える人間になって欲しいです。また、学んだ知識を自分の利益のためだけに使うのではなく、困っている人のために貢献していく、このような人間教育を提供したいと考えています。

中国は日本と歴史的に深い交流があり、多くの文化を学んだまさしく文化大恩の国でありますが、このような基本的な尊敬の念を青年に抱いてもらうためにも、我々のような教育機関の意義は大きいと感じています。コロナ禍で往来が止まってしまい、国際情勢も厳しい今こそ、青年交流の意義が問われます。創価大学では外国語専攻同士の交流を始め、理工学部では浙江大学と交流があり、毎年夏に交流を行っています。このように多くの学生たちに中国と触れる、中国を訪れる機会を提供することで、相手国への理解や尊敬の念が生まれてくると思います。私共は、民間レベルでの教育、研究交流を通して、日中両国の永遠の友好を推進していきたい思っています。

学生訪中団が清華大学を訪問した際に開催した交流会

中国語教育世界最高峰の日本分校
リアルな中国語を池袋で学ぶ

北京語言大学東京校
BEIJING LANGUAGE AND CULTURE UNIVERSITY TOKYO COLLEGE

写真提供 / 北京語言大学東京校

　1962年に設立された外国人高等予備学校に端を発する北京語言大学は、「外国人留学生に対する中国語・中国文化教育」を主要な目的として掲げ、創立以来、183の国・地域から留学生を受け入れてきた中国で随一の国際型大学である。外国人向けの中国語・中国文化教育に関する研究の蓄積は他の追随を許さず、世界中でそのノウハウが活用されてきた。年間約6000人の留学生が学び、さまざまな言語や価値観が入り混じるその様子から「小さな国連」と呼ばれている。

　2015年4月、文部科学大臣指定外国大学日本校として東京・池袋に北京語言大学東京校が開学。これまで数多くの学生と東南アジアを中心とする外国人留学生を受け入れている。東京校では北京本校の教育カリキュラムを直輸入し、中国語で中国語を学習する「直接教授法」を東京でも実践。また参加型の少人数講義を実施し、東京に居ながらも北京本校と全く同じ学習環境を再現している。また2年次から北京本校への移動キャンパス（留学）が可能になり、学生たちの就職活動やライフスタイルに合わせて、東京と北京を自由に行き来することができる。2022年には卒業生の数が100名を超えるなど、日本社会において数多くの中国分野に特化した人材を輩出している。

北京語言大学本校の実績

受け入れ実績のある留学生の
出身国・地域　183

北京語言大学で学んだことのある
外国人留学生 20万人

教職員の数　1250人
留学生の数が多い中国の大学ランキング　1位

北京語言大学東京校の学生比率

日本人学生 45%

留学生 55%（アメリカ、アルゼンチン、韓国、キルギス、タイ、ネパール、ベトナム、ミャンマー、モンゴル、ロシアなど）

海外大学日本校の存在意義と教育理念から語る
語学+αの人材育成の必要性とは

おおさわ　とおる
大沢　徹

北京語言大学東京校　副校長

中国・北京の清華大学に留学後、北京外国語大学、対外経済貿易大学、日本国内の日本語学校等において語学教育及び学校運営に20年携わる。株式会社アイ・エス・アイ北京事務所責任者を経て、北京語言大学東京校事務局長に就任。北京に8年の駐在経験がある。2022年度より同学事務局長兼副校長となる。

INTERVIEW

Q. 北京語言大学の日本分校を建学することになった経緯を教えていただけますか。

北京語言大学本校と日本の教育機関、株式会社アイ・エス・アイとの提携で2015年に北京語言大学東京校が開学しました。元々同社は1993年から中国留学事業を開始し、北京語言大学をはじめ、北京外国語大学、北京大学医学部、上海外国語大学、復旦大学などに多くの日本人留学生を派遣してきました。その後、日中関係の問題から中国に行く日本人留学生の減少が目立ってきた頃、日本でも本場の中国語教育を提供できる教育施設があれば一定のニーズがあるのではないかと思い、北京語言大学と協議を重ねた結果、東京で分校を開学する運びとなりました。それからはお互い手探りの状況の中、中国の教育部、日本の文部科学省と交渉を重ね、2015年4月に「文部科学大臣指定外国大学日本校」の指定を受け、無事に東京校が開学しました。

2022年4月、北京語言大学東京校第8期生入学式

Q. 分校が開学してからはどのような学生が学んでいますか。

開学してからは学生数が年々着実に増加し、今では4学年合わせて約350名程度の学生が本学で中国語を学んでいます。日本人学生は高校を卒業したばかりの人以外にも、社会人経験者で中国語をしっかり学びたいという人や、専門学校卒業等で大卒の資格を取りたいと考え入学する人も一定数います。留学生に関しては東南アジアを中心に、中国と経済的に結びつきが強い国からの学生が目立ちます。元々日本語を学びに日本語学校に留学していた学生たちですが、進路選択の際に日本語＋中国語を勉強した方が将来の仕事に役立つと考え、私たちの大学に進学しています。それ以外にも、元々中国語が一定のレベルに達している学生は編入で入学することもでき、日中学院などで中国語を学んでから本学に編入するケースもあります。

Q 中国大学日本校が日本に存在する意義、そして他大学との差別化はどのようなところにありますか。

海外大学日本校では、日本の大学に無い特定分野に特化したカリキュラムやコンテンツを提供することができ、これが大きなメリットであり差別化を図るポイントだと思っています。中国大学日本校では、単位の殆どを中国語に関連する講義に充てることができ、よりリアルな中国留学に似た学習環境を提供できます。また学外や中国語教員向けの公開講座や高校への出張講義等の開催など、中国に関連する情報を外部に発信することで、日本社会における中国、

北京語言大学東京校講義風景　中国語による直接教授法で講義を行う様子

中国語の理解促進に大きな貢献ができます。そして日本と中国の最前線で活躍できる中国関係に特化した人材を輩出することが、我々中国大学の日本校が為すべき使命、意義であると考えています。また、他中国大学日本校との差別化ですが、本学では2年次から卒業までの間を自由に中国と東京を行き来できる移動キャンパス留学プログラム、そして在学生たちの就職をサポートするための独自のキャリア支援プログラムを目玉にしています。日本人学生の9割以上は2年時からの留学を希望しており、3、4年次には日本で就職活動を行うケースが多く、現在本学に在学する4年生の日本人学生のほとんどがすでに内定を取れています。求人は中国に関連する貿易、物流、商社を始め、卒業生が就職した会社や、中国系のエアラインからも求人票が届くなど、日本での中国分野に特化した人材ニーズの高さが伺えます。2022年には卒業生の数が100名を超え、秋口に第1回のOB・OG組織設立の校友会総会を企画しています。

Q. 北京語言大学東京校の教育理念や輩出したい人材像を教えてください。

　世界は複雑な動きをしています。自分の判断基準を持たないと、将来必ず自分の意図しない方向へ流されてしまいます。そのため、今のうちからメディアや世論に惑わされない自身の価値基準を磨く必要があります。本学に入学後は、北京語言大学の建学理念である「徳行言語」＋東京校独自の教育理念である公共心、模範意識、問題解決力、思考力、語学力、コミュニケーション能力、異文化対応力、主体性の8つに特化した人材になることを目標にしてもらいます。即ち、中国語能力は4年間かけて中国語で卒業論文が書ける能力が身につき、中国語＋αで社会に出たときに必要な文化や習慣を身につけ、日中間で活躍できるリアルな人材を目指します。まず第一歩として、東京にいながら留学生と同じ講義を受けるこの環境で、異文化を体験しながら語学＋自発的な思考と問題解決能力を身に着け、1歩ずつ成長していって欲しいと思います。

Q. 今後留学を志す学生たちにアドバイスをお願いします。

　百聞は一見に如かずという言葉の通り、実際に自分の目で見た世界がリアルな体験に繋がります。実体験を通して、日本の価値観に縛られた一方通行の視点から、日本と中国の現実的な比較ができ、将来的に複眼的な視野を培うことができます。今回の新型コロナウイルス感染症の影響で2年以上正常な往来ができず、留学を諦めてしまった人も多くいると思いますが、今留学に行けなかったら一生行けないということはなく、目標から何年か遅れてしまったとしても、是非留学に行ってもらいたいと思います。日本は新卒採用を重要視していますが、そうでなくても就職は可能です。将来の自己実現を考えるのであれば、留学して色々な実体験を積む方が結果として早道だと考えます。私自身も、大学卒業後に将来の進路のことを考え留学を決意。その後2年半ほど仕事をしながら資金を貯め、26歳で初めて中国に留学しました。そこから学業はもちろんのこと、学外での活動にも積極的に顔を出し、実践経験をたくさん積み、現在のキャリアに至ったと思います。今留学に行けないからこそ、諦めるのではなく、より良い留学生活を送るための準備をしたり、日本にいる中国人たちとたくさん交流すれば、今後中国に留学したときにはより多くのことを吸収することができるのではないでしょうか。

北京語言大学東京校のスピーチコンテスト・文化デー
中国語朗読大会に参加する在校生

2019年、留学先の北京で活躍する学生

上海名門総合大学初の東京分校

上海大学東京校

SHANGHAI UNIVERSITY TOKYO COLLEGE

UNIVERSITY

　1922年10月に上海大学本校が開学し、1994年には中国教育部、上海市政府の協力のもと総合大学として生まれ変わり、現在に至る。中国教育部が認定する211重点大学に選定される。留学生の受け入れは1966年から行われており、2003年からは学部留学生の受け入れを開始、2021年までに149ヶ国の学生が上海大学で学んでいる。上海市内にはキャンパスを3つ有し、また1994年にはシドニー工科大学と提携して上海大学シドニー工商学院を同市内に開学した。そして2019年4月、初の海外での独立キャンパスとして東京・新宿の地に上海大学東京校が設立された。現在は日本人学生のみならず、日本在住の各国の留学生も多く在籍している。

> **上海大学東京校で学ぶ学生の出身国:**
> 日本、韓国、ベトナム、ネパール、スリランカ、ウズベキスタン、カザフスタンなど
>
> **校訓** **"自強不息" "先天下之憂而憂, 後天下之楽而楽"**
> 　…自ら強(つと)めて息(やす)まず
> 　天下の憂いに先んじて憂い、天下の楽しみに後
> 　(おく)れて楽しむ
> **校風** **"求実創新"**
> 　…実を求め新しきを創る
> 　事実を追求し、創造する

上海大学東京校建物全体

上海大学東京校　教授へ講義内容について質問をする様子

上海大学東京校　入学式の様子

日中両国の先進的な教育理念のもとに
複合型人材 を育成する秘訣とは

GUO　JUN
郭　珺

上海大学東京校　教育企画主任

2013 年、中国電子科学技術大学（UESTC）外国語学部卒業後、日本に留学。2022 年、法政大学国際日本学インスティテュート博士後期課程修了、博士号（学術）取得。2020 年より、上海大学東京校中国語学科に非常勤講師。2022 年より、上海大学東京校教育企画主任と法政大学国際日本学研究所客員学術研究院を兼務。

INTERVIEW

Q. 上海大学が日本分校を建学することになった経緯を教えていただけますか。

　国際人を育てるためには外国語を学ぶこと以外にも、グローバルな環境が必要になってきます。また中国を外から見る、中国以外の環境で中国の人材を育成することが必要だと考え、日本での分校開学の準備を行いました。新宿はアクセスも良く、周囲には数多くの教育機関があります。まさしく日本、東京を象徴するグローバルな場所であり、学生たちは日々本学教員による講義、またオンラインでの上海本校所属の講師による本場の講義を受講しています。

Q. 分校を開学する上でどのようなことに苦労されましたか。

　2019 年 4 月に設立しましたが、初めての海外キャンパス設立のため、中国本校のカリキュラムや時間割などを日本の学期に調整することなどにとても苦労しました。現在も新型コロナウイルス感染症の影響もあり、日本国内で対面での広報活動に制限がかかっているのが現状ですが、インターネットや SNS での発信を始めてからあらゆる年齢

中国の伝統祝日「端午の節句」を体験するイベントを開催した時の様子

層の方から問い合わせの件数が増えてきています。最近では、社会人向けにも中国語が学べるような機会を作ってほしいという声を多数いただき、社会人向けの中国語講座をスタートすることになりました。このことから中国語の学習ニーズが高まってきていることを実感します。

Q. どのような学生が上海大学東京校で学んでいますか。

　日本人学生、日本語学校卒業後に本学で学ぶ各国留学生、非中国籍の華僑学生がいます。大多数の学生は中国語未経験で入学しますが、入学理由としては当初から中国語を学びたい、中国のサブカルに関心があるというケースから、中国語の学習経験があり更に言語を極めたい、学びたい専門が見つからないが、中国語ができれば世界が広がるため…など多岐に渡ります。本学の特色として中国語のレベルに合わせてクラス分けを行っており、入学当初から基礎ができている学生は最短 3 年間で卒業することができます。また学生たちも積極的に漢語水平孝試（HSK）を受験し、卒業前の段階で HSK6 級に合格した子もいます。中国のゲームが好きで、中国語でゲームをしたい、という理由で本学に入学した学生は 1 年間で HSK6 級に合格しました。来年（2023年）、ついに初めての卒業生が誕生しますが、これから先上海大学東京校で学んだ知識を世界で活かしてもらうことを期待しています。

Q. 学生たちに中国語教育を行うための教育理念はどのようなものですか。

　上海大学は校訓と校風に則り、向上、創造、奉仕、包容、調和の大学文化を築いています。以上の文化を教育理念の基礎にして、特色ある総合的研究型大学を目標に、国家や

地域社会の発展に貢献しながら、全面的に活躍できる人材を育成します。東京校もこの教育理念を基礎とし、中国語をはじめグローバル環境に容易に溶け込める複合型人材を育成することを教育理念の根幹としています。東京と上海の両都市の教育モデルは、日中両国の先進的教育理念に適合し、現代社会の競争が求める人材育成戦略に合致しているといえるでしょう。

Q. 外国大学日本校として日本で活動する意義について教えていただけますか。

中国も日本も大学受験の競争が熾烈を極めているのが現状です。少しでも良い大学に入り、就職して、という自分の将来や目標に対して明確にするべきことを理解している学生もいれば、そうでない学生もいると思います。インターネットが普及してから、パソコンやスマートフォンで世界の情勢や情報をすぐに受け取ることができるようになりました。一方で、その情報が正しいのかを見極める能力が必要になっています。日本で育ち、その環境の中で成長することも、もちろん素晴らしいことです。同時に、世界に目を向けることもグローバル社会を生き抜くためには必要です。日本に住んでいる学生に、同じアジアの近隣国である中国に興味を持ち、歴史・経済・文化・食などあらゆる面でどれほど中国と関係が深いかを体感してもらいたいと思っています。

ところが、昨今のコロナ禍ですぐに中国へ入国することが困難な状況が続いています。そんな状況だからこそ、完全な中国環境がある中国大学の日本校で中国の教育方針、カリキュラム、理念などを実際に体感してもらいたいですし、コロナ禍でもできること――「語学力の向上」に励み、言葉に対してストレスをできるだけ軽減した状態で、今後中国国内で活躍できるよう願っています。同時に、中国へ留学した学生が日本に戻ってきたときに「帰れる場所」となれるのは中国大学の日本校しかありません。中国の大学に直接入学した場合、日本で小休止できる場所は残念ながらありません。また中国国内の大学に留学した日本人学生が日本で就職活動をしたい場合、卒業時期や就職活動の時期が日本と合わないので、就職活動が十分にできていないケースが多々あります。そういった意味でも日本校では将来の計画が立てやすくなりますし、サポートもできます。

Q. 今後の日中両国及び青少年交流のあるべき姿とはどのようなものだとお考えですか。

訪日外国人は 2018 年に 3000 万人を突破しました。

そのうち、800 万人以上が中国人で、過去最高となっています。一方、日本から訪中する人はピーク時には 400 万人いたものの、コロナ禍直前には 300 万人を割る状況で、そのほとんどが商用目的だと言われています。2008 年の北京オリンピック、2010 年の上海万博を契機に訪中する日本人の渡航目的が徐々に変化してきていると感じています。日中の国交が正常化してから 50 周年を迎えました。時間が経つにつれて、今の青少年は日中国交正常化以前の出来事に関しては、メディアや書物による伝聞や歴史の授業などから情報を得ることしかできなくなっています。私たち日中関係や教育に携わる者がいかに青少年に歴史や出来事をわかりやすく伝えることができるか、そこに尽きると思います。2022 年は日中国交正常化 50 周年の節目の年ですので、諸所の友好団体が主催したイベントや講演会がたくさん実施される予定です。少しでも青少年がわかりやすく理解できるよう、そして知り得た知識をもとに、両国の青少年が交流できる場所を提供できる環境を整えられるよう、切磋琢磨していきたいと考えています。

若い発想を持った学生や青年が自由に発言できる場所や機会を提供し、歴史を振り返りながら未来をよりよくするため、交流を深めて両国の友好関係が今よりもっと改善されることを望んでいます。

真剣に講義に参加している学生たち

HSK試験に合格した時の様子

5000人以上の中国人材を受け入れ
日中各界で活躍する中国人留学生の宝庫

公益財団法人
日中友好会館　後楽寮
JAPAN-CHINA FRIENDSHIP CENTER

FOUNDATION

　日中友好会館は、日中両国政府の合意に基づいて創設された。1982年、日中国交正常化10周年記念事業として両国政府による会館建設支援が決定し、1983年に「財団法人善隣学生会館」の名称が「財団法人日中友好会館」に改称したことがスタートとされる。日中友好会館は日中民間交流の拠点として、中国人留学生の宿舎「後楽寮」の運営、日中青少年交流、文化交流、植林・植樹事業など、さまざまな事業を展開している。日本人に中国語を教え、中国人に日本語を教える日中学院も同様である。中国に関心を持つ人々を集めた日中友好後楽会も、会館の賛助組織として大きな役割を担っている。2012年からは公益財団法人となり、現在では中国からの出向者を含め、日中両国40余名がともに働いている。

後楽寮入口(狛犬)

寮1階吹き抜け

2018年、後楽会(中国)友好聯誼会年次総会

後楽寮 の設立背景

　後楽寮の前身は戦前まで遡る。1933年、中国大陸からの留学生増加を受け、当時陸軍組織があった地に満州国会館を設立し「満州国留日学生会館」として誕生した。終戦後は外務省の外郭団体である国際学友会が学生の受け入れを行っていたが、1982年、日中両国政府の間で日中友好会館設立の合意がなされ、留学生寮の名称も現在の「後楽寮」に変更された。

　後楽寮は多くの大学がある都心に位置し、冷暖房、テレビ、冷蔵庫、Wi-Fi等を備えた快適な宿舎である。1985年、現在の寮が完成以来、中国人留学生の家として愛され、これまで5000人以上の留学生、研究員がここで暮らした。寮内は男女ごとに生活エリアが分かれており、また大学院生は後楽寮（203室）、研究員はホテルに併設する後楽寮研修棟（34室）で共同生活をしている。寮内では中国の祝日に合わせた催しの企画やホームステイ、課外イベントへの参加など、数多くの行事が用意されている。また寮生による寮生委員会や日中友好後楽会との共同イベントを通して、日中民間交流が図られている。

　2011年に発足したOB・OG組織である後楽会(中国)友好聯誼会は年に一度年次総会が開かれ、現在では吉林省・山東省・上海市・新疆ウイグル自治区に分会も成立。後楽寮生たちは、日本で学んだ知識と経験を活かし、日中友好の懸け橋として貢献したいという強い思いを抱いている。日中関係の明るい未来へ向け、後楽寮のネットワークが今後ますます広がるよう期待している。

後楽寮の寮生たち(食堂にて)

寮生の部屋

後楽寮調理師

近隣の小学校で中国の紹介をする寮生

新入寮生懇親会

日中青少年人材の育成を根幹に
ホスト国としての**おもてなし**を

公益財団法人日中友好会館　理事長

1953年生まれ。東京大学英文科卒業後、1979年に外務省入省、中国には累計4度勤務。大臣官房海外広報課首席事務官、人事課人事企画官、調査官、アジア大洋州局中国モンゴル課日中経済室長等を歴任。2013年にネパール国特命全権大使として駐箚後、2018年に外務省を退職。同年7月よりKDDI株式会社上席顧問、2022年7月より公益財団法人日中友好会館理事長に就任する。

おがわ　まさし
小川　正史

INTERVIEW

Q. 小川理事長と中国との関わりについて教えていただけますか。

　私は外務省に入省して40年間のうち、半分以上は中国と関係していました。入省後に中国語の研修を開始し、翌年1980年には香港中文大学のサマーコースに参加、その後北京語言学院、山東大学で中国語を学びました。いずれも寮生活でしたが、中国人学生、先生、そして寮の担当者がいつも良くしてくれたので、毎日楽しく過ごすことができました。その後、累計で3回の中国駐在、それ以外にもミャンマーやネパールの在外公館にも勤務しました。2021年12月に参与として日中友好会館に加わり、本年6月24日に理事会で理事長に任命され、7月1日より現職として活動しております。私自身の中国留学体験から、ホスト国の方が優しく迎え入れてくれることによって留学生たちの生活が著しく改善することを実感しましたので、それを心がけながら今後も後楽寮に住む学生たちのサポートに力を入れていきたいと思っています。

Q. 日中友好会館として後楽寮をどのように運営してきましたか。

　日中友好会館の出発点は中国人学生への宿舎提供、即ち後楽寮の運営から始まりました。そのため現在会館が主に行っている5つの事業柱の中でも留学生事業は最重要事業となっています。これらの事業を支えるのは5名のスタッフ（内1名は中国教育部から派遣）たちです。日々寮生たちの生活に関する相談や、寮生たちで組織する寮生委員会の活動を支援したり、文京区やその他団体が主催するイベントへの参加、日中交流会の企画、ホームステイの実施など、イベント行事の運営やサポートも行っています。学生たちにより良い生活をしてもらいたい、という思いから1日千円の費用しか請求しませんし、敷金・礼金もありません。また現在では街中に本格的な中華料理屋が増えましたが、昔は日本で地元の料理を味わえる場所は殆どありませんでした。そのため中国の外交部から2名のコックを派遣してもらい、いつでも学生たちが故郷の味を楽しみながら勉学に勤しめる環境作りを実現しました。提供する料理も原価未満の価格です。寮と食堂運営だけでも年間1億円以上の赤字が出ていますが、これらの費用は会館が行うホテルやテナント等の収入から補填しており、まさしく日中友好のために活動する公益団体そのものかと思います。

Q. 寮生にはどのような方々がいますか。

　これまで5000名以上の中国人留学生が後楽寮を利用しています。基本的には中国から来た大学院生以上の学生ですが、一部の地方華僑で通学に困難な学部生が、東京華僑総会の推薦を受けて後楽寮に住むケースがあります。定員のうち8割は公費留学生で、中国国家留学基金管理委員

1980年10月 北京語言学院の王先生（右）、
陳先生（左）と共に故宮を訪れた際の写真

会から派遣された国費留学生と、中国国内の大学や政府機関などから来る訪問学者などで構成されています。帰国後には、中国政府関係、大学等の教育機関、企業等の重要ポストに就かれている方が多くいます。例えば中国宋慶齢基金会副会長の井頓泉さんは中日友好協会から派遣され、当時は寮生委員会の委員長を務めていました。李建保さんは元海南大学学長で海南省人民代表に選ばれたこともあり、現在は清華大学で教授を務めています。それ以外にも、中国前大使夫人の汪婉さん、中国留日同学総会代表で順天堂大学客員教授の汪先恩さん、早稲田大学初の外国人専任教員である劉傑さん、笹川日中友好基金の于展さん、最近であれば変面で活躍している王文強さんも後楽寮の出身です。また少数民族も多く受け入れており、ウイグル族、モンゴル族、朝鮮族などが常時寮生として在籍していることも後楽寮の特色だと言えるでしょう。私は、2022年7月1日から日中友好会館で働いていますが、新型コロナウイルス感染症の影響で、これまで寮生と接する機会がありません。しかし、自分が過去に中国の方々から大事に接してもらったことを踏まえて、寮生の皆さんにはできる限りのことをしたいと思います。出席できる行事には常に参加して、応援していく所存です。

Q. 後楽寮の学生たちには将来どのような人材に育ってほしいとお考えですか。

最近では、日中双方とも相手国に対する批判的な報道が目立ち、良いことが伝わらないため、相互理解のボトルネックになっていると感じます。日本に留学した中国の学生たちには、自分の五感で日本を体験し、ありのままの日本、日本人を知る人になってもらいたいです。後楽寮でも一般の日本人との交流の機会を設け、学生たちのより良い成長に貢献できるよう務めていきます。また、後楽寮では、中国全土から集まった様々なバックボーンを持つ青少年と生活することにより、新たな知識を吸収することができます。つまり、後楽寮では日中双方向から多くのことを学ぶことができると考えます。

Q. 日中国交正常化からこれまでの50年の中で、日中留学事業に対してどのように評価をされますか。

50年前に比べて、日本政府の留学生受け入れ体制はかなり改善されていると思います。また、現在では日本留学を終えて中国の各界で活躍している優秀な知日派の人材が数多くいます。しかし、日本人については、中国留学を経験した学生で、それを現在の日本でのキャリアに大きく活かせている例は少ないように思います。日系企業の上層部を見てもアメリカや欧米留学出身者の数が圧倒的に多いです。しかし中国はこの10数年で経済発展が急速に進み、中国とのコネクションが日本企業にもたらすメリットの意識も大きく変わりました。最近ANAホールディングスの社長になった芝田浩二さんは北京での滞在がきっかけとなり同社に入社、その後現在のポストまで上り詰めました。このような中国と縁のある「知中」派の人材がどこまで日本企業の中で伸びていけるかが、今後の日中関係に大きな影響を与えていくと考えています。

談話会で講演する寮生

2019年、後楽寮国慶節祝賀会(大ホール)太極拳の演舞

留学生事業部部長帰任の際の見送り

次代の日中関係を担う
「人材発掘・育成」を目指して
日中関係学会

揮毫：中江要介初代会長

ASSOCIATION

写真提供／日中関係学会

　日中関係学会は 1992 年に設立された任意団体である。1989 年、主に日本企業の北京駐在員をメンバーとして発足した勉強会「水交会」のメンバーが任期を終えて帰国、東京で旗揚げした組織が今日の日中関係学会の礎（いしずえ）となっている。東海、関西にも相次ぎ組織が設立された。初代会長には中江要介元中国大使が就任、また顧問には小川平四郎初代中国大使、作家の陳舜臣氏、宮崎勇元経済企画庁長官など、錚々たるメンバーが名を連ねている。

　1999 年 4 月には、「21 世紀の日中関係を考えるオープンフォーラム」を全面に打ち出し、①誰でも参加できます、②自由に発言できます、③中国の幅広い人々と交流していきます、という 3 つのキャッチフレーズを掲げた。これを機に学者、ビジネスマン以外の幅広い層に対しても門戸が開かれ、会員自らが建設的な意見を述べることを奨励するとともに、特定の組織や団体にこだわらず、できるだけ多くの中国の人々との率直な対話を通じ、より深い日中関係の構築を模索していくこととなった。

　現在、会員数は 500 名弱、本部組織傘下に関東日中関係学会（関東支部）、東海日中関係学会（東海支部）、関西日中関係学会（関西支部）の 3 つの組織を擁し、本部の活動に加え各支部にて独自の活動を行っている。また全会員数に占める学生会員の割合は 16.3%（2022 年 5 月現在）と、学生の会員数が比較的多いのも特徴である。これは 2012 年に始まった日中学生懸賞論文「宮本賞」の活動に因るところが大きい。

　宮本賞は、日中の若い世代が、日本と中国ないし東アジアの関係に強い関心を持ち、よりよい関係の構築のために大きな力を発揮してもらいたい。また、日中関係学会の諸活動に積極的にご参加いただき、この地域の世論をリードしていってもらいたい。そのための「人材発掘・育成」を目的として設立され、今年 11 年目を迎えた。毎年、日中両国の学生から政治、経済、文化等様々なテーマについての論文の応募があるが、応募にあたっては、「論文の最後の部分で、論文内容がこれからの日中関係にどのような意味を持つか、提言も含めて必ず書き入れること」と定めている。即ち、学生たちは自らの論文作成を通じて真剣に両国の関係を考え、提言を行っているということだ。

　主な活動内容としては、本部及び部会等各種研究会、会員に向けた中国に関する様々な情報の発信、機関誌の発行、国際シンポジウムがある。

2019年5月18日、総会後にPanasonicミュージアムを訪問（関西日中関係学会）

〈主な活動内容〉

研究会	日中の政治・経済・社会など幅広い分野から時宜に合ったテーマを選び、本部・関東でほぼ2ヶ月に1回、東海、関西でそれぞれ年2〜3回の研究会（講演会、シンポジウム）を開催している。
各部会	本部の下部組織には対外交流部会、政治経済部会（傘下に中国ビジネス事情研究会）、文化交流部会、青年交流部の4つの部会があり、それぞれ研究会を主催している。

宮本賞（日中学生懸賞論文）
日中の広範な大学が参画し、懸賞論文を競っている。「学部生の部」「院生の部」に分かれており、それぞれの最優秀賞には副賞10万円が与えられる。

中国 Now	学会ホームページに、会員サービスの一環として、中国に関する様々な情報を掲載している。宮本雄二会長の「大使の中国論」ほか、朱建栄東洋学園大学教授、藤村幸義拓殖大学名誉教授を始めとする選りすぐりの執筆者による中国情報の閲覧が可能である。
Newletter	日中関係学会の機関誌として、年2回発行。

国際シンポジウム
中国の国観智庫や中日関係史学会などとシンポジウムなどの交流を行っている。

1989年2月、水交会の第1回会合（日中関係学会の前身）

2014年6月、揚州で行われた中日関係史学会とのシンポジウム

2017年8月1日、中国社会科学院・日本研究所で高洪所長（当時）他との交流
（東海日中関係学会）

2021年4月17日、名古屋でピンポン外交50周年記念国際シンポジウム
（東海日中関係学会）

日中関係学会は「日中関係のためにある」
若い世代に バトンを渡す

はやし ちの
林 千野

日中関係学会　副会長

一般財団法人 国際経済連携推進センター客員研究員、株式会社ベストパートナーズシニアコンサルタント、元双日株式会社海外業務部中国・北東アジアデスクリーダー、日中関係学会副会長 (2019 年〜)、学生懸賞論文・宮本賞実行委員長 (2919 年〜)。1980 年代初めに北京語言学院 (現北京語言大学) 留学。1985 年日商岩井 (現双日) 入社。1999 年米国戦略国際問題研究所 (CSIS) にビジネスフェローとして在籍。2002 年〜 2006 年双日中国会社 (北京) 駐在。

INTERVIEW

Q. 日中関係学会が青少年交流に力を入れ始めたきっかけを教えていただけますか。

全般的に日中関係の諸団体には高齢者が多いイメージですが、よりよい日中関係を構築・維持していくためには、私たちが先輩から引き継いできた活動のバトンを受け取ってくれる若い世代を意識的に会に取り込んでいくことが必要だと思います。この意味で、日中関係学会では 2012 年に日中学生懸賞論文「宮本賞」を設立し、学生との接点を有していました。しかし、宮本賞だけでは若者の活動の受け皿としては不十分との認識から、2014 年には新たに青年交流部会を立ち上げました。

当時の活動の内容としては、福川伸次前会長など、各分野で優れた功績を残された有識者をお招きし、若者たちに向けてご自身の体験を交えた様々なお話をしていただいていました。若者たちにとっては得難い機会だったと思いますが、どちらかと言えば事務局側が企画・立案する立場にあり、学生が主体的に活動する場にはなっていなかった点は否めません。ですので、2020 年に部会長が交代したのを機に、「若者主体、若者目線」をスローガンに掲げ、学生自らが企画・立案する立場に立って活動してもらうことを心掛けています。

私もそうでしたが、就職すると仕事が忙しくなり、また、そのうちに結婚、子育てなど環境も変わってしまい、50 代になるまでは社外の活動に時間を割く余裕は全くありませんでした。恐らく、宮本賞や青年交流部会で活動されている学生の皆さんも、大多数は卒業後に日中関係学会の活動から離れてしまうと思います。ただ、学生時代にここで活動したという体験を忘れずに、いつか時間的な余裕ができた際には、また戻ってきてこの活動を支えてくれればいいなと思っています。それまで、日中関係学会という受け皿を存続させていくことが、今の私たちに与えられた役割だろうと考えています。

Q. 宮本賞を過去に受賞した学生たちのエピソードをお聞かせください。

私自身は第 8 回から宮本賞実行委員長に就任しましたが、それ以前も、若者シンポジウムでの司会や、中国人受賞者が来日した際のアテンドなどで宮本賞の運営には関わっていました。忘れられないのは、第 2 回宮本賞最優秀賞を受賞された江暉さんです。当時、東京大学の博士課程で学んでおられ、研究会で顔を合わせた際にお話する程度の間柄でしたが、その後、中山大学に教職を得て帰国され、

2016年1月、第4回宮本賞表彰式

2017年3月、受賞者など日中学生の卓球大会

現在同大学外国語学院の副教授として教鞭を取り、後進の育成にあたっています。実は第7回宮本賞最優秀賞に輝いた王羽晴さんは、江暉さんの大学の教え子であり、王さん以外にも、江暉さんの教え子が毎年宮本賞に応募してくれています。「師から弟子へ」と宮本賞が継承されること自体、とても喜ばしく、栄誉あることだと思っています。また、日本でも日本大学の髙久保ゼミや、明治大学の郭ゼミの学生は、毎年、積極的に宮本賞に応募してくださっています。これも大変有難いことだと感謝しています。

受賞者の中には、日中関係学会が招聘し、日本を短期訪問して帰国したあと、留学生として戻ってくる学生も数名おられます。「日本に来ました」との連絡が来て、久々に再会することもありますが、そんな時は宮本賞に携わっていて本当に良かったな、と感じます。

Q. 今の留学生たち、または留学を志す青少年に何かメッセージはありますか。

私自身、1980年代に日中友好協会の公費留学生として北京語言大学に4年間留学しました。

ルームメイトはカンボジアのポルポト派の高官の娘さんでしたが、ある夏の暑い日に、ベッドの上でシーツをかぶって震えているのです。聞けば、母国のジャングルで生活していた際にマラリアに罹患し、時々発作が出るとのことでした。同い歳の彼女が歩んできた道は、日本で何不自由なくのほほんと育ってきた自分とこんなにも違うのかと、愕然としました。これはほんの一例ですが、このように、各国から来た留学生や中国人学生との触れ合いを通じ、世界の多様性を実感することができました。この体験により、その後の人生観が大きく変わりました。これは留学の体験があったからこそだと思います。そして、この体験を通じて、日本人の考え方や、やり方だけが正しいのではない、と考えるようになりました。

また、同時に「自己主張」の大切さも実感しました。日本社会では「以心伝心」や「空気を読むこと」を求められ

ますが、外国人相手にはこれが全く通じないのです。そのことで、一時は激しいカルチャーショックを受け、精神的に落ち込みました。これから留学される方も、もしかしたら私と同じ体験をするかもしれません。でも、そんな時は、なるべくカルチャーショックの原因となるお互いの「違い」を認識して、その「違い」がなぜ生まれるのかを考え、分析し、その「違い」を楽しむことができるまで、頑張ってほしいとアドバイスしたいですね。「成長痛」という言葉があるように、落ち込んだり、傷ついたりするのは「成長」している証拠なのだと思います。

私は帰国後、総合商社に入社しましたが、中国やアジア、欧米各国との取引先と接する中で、留学時代に培ったグローバルな視点は役立ったと思います。せっかく留学したのですから、いろいろな人と大いに触れ合う中で、自己を見つめ直す体験ができればいいですね。

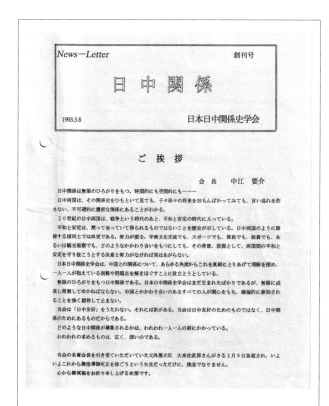

当会は「日中友好」をうたわない。それには訳がある。当会は日中友好のためのものではなく、日中関係のためにあるものだからである。
どのような日中関係が構築されるかは、われわれ一人一人の肩にかかつている。　われわれの求めるものは、広く、深いのである。

中江初代会長は1993年3月、会員向けのnewsletter創刊号で、「当会は『日中友好』をうたわない。〜」として学会設立の趣旨を述べている

留学のあるある

国が違えば、当然習慣も違うもの。中国に行った日本人が感じたこと、日本に来た中国人が感じたこと、多くの人が口を揃えて言うことや年代とわず聞いた「あるある！」なことをのぞいてみた。

日本／→中国

嬉しかったこと

・人への接し方が、見知らぬ人でも気さくで親切。
・仲良くなると家に招待してくれる。
　（友人家族と年越しをしたことも！）
・言いたいことを言ってしまえば後には引きずらない。
・なんでも「大丈夫、大丈夫！」よい意味で大雑把。
・写真に対する情熱がすごくて撮りがいがある。
・アプリがとても便利。携帯ひとつで生活ができる。
・地下鉄や新幹線、タクシーなど、交通インフラの値段が安い。

中国／→日本

嬉しかったこと

・ホテルや店舗などのサービスがよい。
・列に並ぶなどルールを守る。
・プレッシャーや競争意識が強すぎない。
・他者のネット発信にそれほど干渉しない。
・専門クリニックが多い。
・日本人ボランティアと知り合い、一緒にご飯を食べたり、温かく励ましてくれたり、誕生日にプレゼントを贈ってくれたりした。

困ったこと

・入国の際、外国人対応の入国審査窓口が少なくて大行列。
・日本人というだけでアニメやマンガに詳しいと思われてしまう。
・デートスポットに行くと大抵誰かと鉢合わせ。
・豚骨ラーメン以外でおいしいラーメンが少ない。
・日本料理屋に置いてある日本酒の種類が偏っている。
・赤信号でも車の右折がOKなので、道を渡れない。
・地方に行くと外国人が泊まれるホテルが少なく、宿泊先を探すのに一苦労。

困ったこと

・お店に行くと冷たいしかない。（お湯がほしい）
・朝食専門店がない。（最初の2年間はひたすらおにぎりやパンを食べていた）
・野菜や果物の種類が少ない上に値段が高い。
・教科書で習った日本語が堅すぎて実際には使えない。
・急な変更がきかない、融通が利かない。
・時間にかなり厳密。
　（ネットカフェで1分でも超過時間！）
・日本人は返信が遅い。
・メールの終わらせ方がわからない。
・焼肉を食べるときにご飯を勧められる。ご飯を一緒に食べるのが違和感。

驚いたこと

・思ったことをストレートに伝える。
・お店やテナントの移り変わりの速さ。
・方言が外国語のよう。
・「没問題」（問題ない）「馬上」（すぐに）という
　言葉を鵜呑みにしてしまう。
・車のスピードが速い、クラクションがバン
　バン鳴る。
・中国向けの変圧器がデカい。かさばる。
・お店のポイントカードにチャージしてすぐその
　店が潰れる。
・エビの殻や魚の骨をテーブルの上に捨ててしまう。

・街中にゴミ箱がない！
・どこに行くにも事前に予約が必要。
・お肉や野菜の炒め物がない。揚げ物とご飯だ
　けで定食になる！
・主食セット。（ラーメン・餃子・ご飯の組み合
　わせや焼きそばパン）
・レストランの前に食品サンプルが展示され
　ている。
・マンションの隣にお墓がある。お墓や葬式の
　チラシがポストに入る。（中国では鬼が出る
　といわれて縁起が悪いためお墓の周りに住ま
　ない。チラシを入れたら呪いをかける気だと
　思われる）

つぶやってしまうこと

・AA制（割り勘）をしてしまう。
・お湯を沸かすときに市販の水を使ってしまう。
・相手の言うことに相槌しただけなのに、肯定
　したと思われてしまう。
・NOと言えずに話が先に行ってしまう。
・電車の中で電話が来たら出ない。

・簡体字と日本語が混ざる。
・電車の中で大きな声で話してしまう。
・中国の大学は皆寮に住んでいるが日本では初
　めての一人暮らしで寂しくて中国ドラマを流
　しっぱなし。

専門指導・舞台出演

TOKYO TAGEN SYMPHONY ORCHESTRA
東京多元交響楽団

随時団員募集

【募集要項、条件】
企業・地域などの管弦楽団経験者
管弦楽学習者

リハーサル会場：東京多元文化会館
東京都港区赤坂6-19-46 TBKビル
アクセス：都営大江戸線・地下鉄日比谷線『六本木』駅 7番出口 徒歩7分
地下鉄千代田線『赤坂』駅 6番出口 徒歩8分

■ 入団費用：合格者はすべて無料です（団費、リハーサル費、出演費）
■ 木管楽器：フルート クラリネット オーボエ バスーン
■ 金管楽器：トランペット ホルン トロンボーン チューバ
■ 弦楽器：バイオリン ビオラ チェロ コントラバス
■ 打楽器：スネア ティンパニ マリンバ
■ その他：ハープ ピアノ
※詳細は下記、お問い合わせ・応募サイト用コードからご確認ください

応募サイト用コード

■ 主催 東京多元文化会館
企画 株式会社アジア太平洋観光社
運営 東京華楽坊芸術学校

■ 連絡・お問い合わせ：
電話：03-5715-1063 080-5644-7511
WeChat：Chinalinear

和華

草の根外交を目指し、日中「平和」の「華」を咲かそう！

モッタイナイ。「倹約は領事パパに学ぼう」

文・写真 / 瀬野 清水

瀬野 清水 / せの きよみ

Profile

1949年長崎生まれ。75年外務省に入省後北京、上海、広州、重慶、香港などで勤務、2012年に退職するまで通算25年間中国に駐在した。元在重慶日本国総領事館総領事。現在、（一社）日中協会理事長、アジア・ユーラシア総合研究所客員研究員、成渝日本経済文化交流協会顧問などを務めている。共著に『激動するアジアを往く』、『108人のそれでも私たちが中国に住む理由』などがある。

私は1989年4月から93年11月まで広州の日本総領事館で働いていた。鄧小平の「南巡講話」が92年であったので、その前後の時期だった。中国はまだ貧しいままで、隣国の日本がバブル景気でまばゆいほどに輝いていた時代だった。わが家は、小学2年の長男、小学1年の長女、幼稚園の次女という3人の子どもがおり、家族は一緒にいてこそ家族という考えがしみ込んでいたので、一家5人は迷うことなく、一緒に広州に移り住んだ。今思えば、言葉も習慣も異なる社会に突然放り込まれた子ども達にとっては大きな負担であったに違いない。

儒教流の考え方では、子どもが親に感謝するのであろうが、わが家ではよくぞ毎日、病気やケガもせず、事故にも遭わず、機嫌よく学校に行ってくれたものだと、子どもたちへの感謝が尽きない。同時に、子供たちを親身になって受け入れ、面倒を見て下さった中国の幼稚園や学校関係者の皆様にも、ただただ感謝しかない。子どもと妻が一緒にいてくれたおかげで、広州での生活がどれほど楽しく彩り豊かであったか計り知れない。同じ子を持つ親同士や幼稚園や小学校の先生方とのお付き合いも広がり、その交流は30年以上も経った現在も続いている。職場と家の往復だけで明け暮れていた日本では出来なかったことがたくさんあり、子どもも子どもなりに日本ではできない経験ができたのではないかと考えることにしている。

我が家が広州で暮らしていたころは、まだ日本人学校がなかった（広州日本人学校は1995年に設立された）ので、現地校に通う外はなかった。3歳の次女は自宅から徒歩で15分くらいの幼稚園に入れてもらうことができ、長男と長女は同じく徒歩で30分くらいのところにある創立100周年を超えるという小学校に入れてもらえ

当時の広州には学校帰りに遊べる場所がたくさん残っていた

た。長男と長女は、本来は学年が異なるが、言葉が通じなくても２人で助け合えば何とかなるだろうという親の意向で２人とも１年生からスタートしたが、幸い学校では大事にして頂き、友達もできていたようだった。

　中国では交通事情や安全上の理由から幼稚園や小学校の登下校時には親が迎えに行くことになっている。平日は妻が迎えに行くのだが、土曜日は私が迎えに行くことになっていた。私は、学校帰りに子どもを連れて寄り道をするのが何よりの楽しみだった。広州の街は、今でこそ高層ビルや高層アパートが林立して、昔の面影はなくなってしまったが、当時は池や畑や草むらがあちこちに残っていた。池では小鮒やカエルが泳ぎ、その周辺をアヒルやニワトリが走り回り、豚小屋には何頭かの豚が餌を食べている、自然の観察にはもってこいののどかな風景だった。時には魚やニワトリを生きたまま売っている市場を見て回ったり、路地裏を散策したり、小腹が空けば屋台で買い食いをしたりすることができた。大人が一人で路地裏を歩くと不審者にしか見られず、至る所誰何（すいか）されかねないところだが、こんなことができたのも子どもが一緒にいてくれたおかげだ。

　1991年のある日のこと、昼食時に子どもを迎えに行くと、昼の給食をまだ食べていないという。私も領事館での仕事が終わったばかりで空腹だったので、学校の食堂で２人分の給食を親子３人できれいに食べた。この様子を他の子どもが見ていて、家で両親に報告したらしい。数日後の広州の夕刊紙に「残りご飯を食べた『領事パパ』から倹約を考える」という見出しのコラムが掲載された。記事の内容は「近くの小学校に通っているうちの子は夕食時に、決まってその日の学校の出来事を話してくれる。とりとめのない話が多いのであまり真面目に聞いてはいなかったが、昨夜の話には思わず耳を傾けてしまった。

①今は缶入りで人気の高い健康飲料「王老吉」も、当時は茶碗で売られていた
②広州日本人学校の前身となった広州日本語補習授業校の生徒と現地校に通う学生との交流会
③道ばたの果物店。毛沢東主席のポスターが貼られているは魔除け、厄除けの意味があった

1991年、広州ローカル夕刊紙『羊城晩報』に掲載されたコラム

1991年12月13日 星期五 第七版

从"领事爸爸"吃剩饭说起

□ 宋仲南

夜谈

孩子就读于某小学，回家时也懂得讲点校内一新闻。无非都是些孩子事儿。听后并没有去留意。不料最近讲的这一件却令我深思——学校里有一位日本同学，爸爸在日本领事馆工作。一天课间餐时，有个小朋友吃面包，吃了一口就把面包扔了。这个日本小朋友马上去告诉老师，用不太流利的广州话告诉那小朋友一状，大意是说那小朋友浪费。

巧得很，日前小学开家长会，校领导读起目前有些独生子女大手大脚，说起这么一件事。我领事的小孩在校搭食，午饭时吃不完饭菜，其父知道后，等到父亲接孩子的时候，其父知道饭盒有剩饭，马上打开饭盒把剩饭吃光……

场把剩饭吃光。我相信此事会使在场听的家长们的内心可能在问：人们的内心可能在动。实在是很明智的节约道理人人都懂，但做起来却是另一回事了。不少人到农村参加养下一代的节约美德，为了培表现。那位日本「领事爸爸」吃剩的都不要了，谁会这样做吗？

这是「阔佬」的心态。他们并不懂得大概觉得寒酸。节约是一种美德，是一种人格高尚的道理人人都懂。

也没有想到要打包。这是「阔佬」的心态，大概觉得寒酸。吃晚饭的时候，我与孩子谈了这件事。我发现，这一次将掉在桌上的饭粒放到碗里，然后高兴地吃掉。掉……

街の雑誌店。毛沢東主席の写真はお守りとしても人気が高かった

うちの子が通っている学校には日本の領事の子も通っているという。中国人には、学校の給食がまずいからといって一口食べただけで捨ててしまう子が多いのに、その日本領事は子どもが食べ残したご飯を子どもと一緒にきれいに食べたという。日本人は生活が豊かなのに、食べ物を粗末にせず、倹約という美徳を、身をもって子どもに教えていた。日本人よりさらに豊かなはずのアメリカ人でさえ、レストランでの食べ残しはドギーバッグで持ち帰り、家で温めなおして食べている。食べ物を大切にし、食べ残しを持ち帰るのは恥ではない。むしろ美徳だ。日本より貧しい中国が一口食べただけで捨てていいのだろうか。倹約は領事パパに学ぼうではないか」というものだった。

　この記事が発表されて間もなく、広州の町中のレストランで、赤地に黄色の文字で「節約は美徳である」「食べ残しを持ち帰るのは恥ずかしいことではない」などのスローガンが掲げられるようになった。食べ残しを包んで持ち帰ることを中国では「打包（ダーバオ）」という。客がダーバオというとレストランもこれに応えて、プラスチックの容器やビニール袋を用意してくれるようになり、食べ物を節約する運動が急速に広がった。90年代の華南

地域は各地に経済特区が生まれ、全国的に見ても豊かな地域と言えた。その豊かな華南の中心である広州でダーバオの習慣が始まり、大量の食事を注文しても最後には食べ残しをきれいに持ち帰り、家で温めて食べるようになったのである。

　あれから30年、中国は世界第2位の経済大国になり、豊かになった今でも「ダーバオ」の習慣は定着したのだろうか。食品ロスへの関心は高まってきたのだろうか。食べ物を粗末にしてはならないという、至極まっとうで素朴なことがらが、近頃では市場経済や食品流通の壁に阻まれて、まだ食べられる食品が大量に無駄に捨てられていくのを目にすると心が痛む。

　国連では2016年から2030年までの「持続可能な開発目標（SDGs）」として17のゴールを定めている。その12番目の目標は「持続可能な生産消費形態を確保する」であるが、これには「つくる責任、つかう責任」という分かりやすい標語が当てられている。2030年までに、一人あたりの食品廃棄物（食品ロス）を半分にし、化学物質や産業廃棄物が大気、水、土壌に流れ出すことを防ぎ、3R（ゴミの削減・リデュース、再利用・リユース、資源化・リサイクル）を促進するという取り組みだ。国連のこの

取り組みに背中を押されるように、日本では、2019年に「食品ロスの削減の推進に関する法律」が施行された。食品ロスの削減に関し、国や地方公共団体や企業や消費者の責任を明らかにし、食品ロスの削減を総合的に推進することを目的としている。

お隣の中国でも、2021年、食べ残しを禁止する「反食品浪費法」が制定された。中国ではもともと、食べきれないほどの料理で客をもてなす文化があったが、2020年8月に、習近平国家主席が食べ物を浪費しないよう指示を出したことから、翌年の法律の制定に結びついたのだという。中国でダーバオの習慣を始めたのは私では、とひそかに誇らしく思っていたのであるが、生活が豊かになり、金さえ出せば何でも買える時代になった結果、ダーバオの習慣はもう廃れてしまったのかも知れない。

日本ではこの7月から、民放のテレビやラジオで「『最後の一粒までちゃんと食べなさい』という言葉は、一度は聞いたことがあるのではないでしょうか。でも、世界には『最初の一粒』も手に入らない子供たちが10人に1人もいるのです」という公共広告が流れている。私たちは同じ地球上に「最初の一粒もない」子供たちがたくさんいることに思いをいたしながら、身近なところから食品ロスの削減に努めたい。

道ばたに掲げられた倹約を勧める政治広告。孔子の言葉『倹を以て徳を養う』が引用されている

裏道を歩いているといろいろなものに出会う。
これは広州市公安局の指名手配写真

今では観光名所にもなっている清平路の漢方薬材市場。重さを確認するための「公秤服務台」が市場の入り口にあった

日中友好青年大使から見た中国
今回の留学特集の企画から取材を振り返って

文・写真／井上 正順

井上 正順 / いのうえ まさゆき

Profile

1992年生まれ　北京語言大学漢語国際教育専攻学士・修士号取得。留学中は北京語言大学日本人留学生会代表、日本希望工程国際交流協会顧問等を歴任。2019年に中国でスタートアップを経験。2020年9月に学友と日本で起業。東京都日中友好協会では青年委員会委員長、日中友好青年大使として様々な日中交流活動を企画・運営している。

　読者の皆さんは、留学をしたことがあるだろうか。留学に対してどのような思いを持っているだろうか。

　今回私がこの留学特集を提案したのは、2020年から始まった新型コロナウイルスの世界的な大流行後、日本から中国に渡る留学生は皆無に等しい。そんな中で中国留学を諦めた人、留学するかどうか悩んでいるあなたに中国留学の魅力を改めて発信し、もう1度留学について考えてほしいと思ったのが発端だった。そしてなによりも、私自身が留学によって人生が変わり、留学というものに恩義を感じていたからだ。

　今号の制作のために、自分自身の留学体験を振り返る場面が多々あった。当時の自分はなぜ留学したのか、留学中にどのような出来事に感化され、夢が変化していったのか、留学によってどのように今の自分を支える原点を築いたのか。幼少期から不登校、高校も中退するくらい人生を持て余していた18歳の時に、奇縁から留学するチャンスが巡ってきて、中国語がまったく話せない状態で中国に渡った。それから数々の出会いや支えがあり、学部・修士、さらに現地で起業するまでに至った。

　中国という変化が激しい国で毎日様々な出来事を体験することで、日本にいた時より何倍も自分自身の価値観や世界観が広がり、日本と中国というダブルスタンダードの中で多くの物事と対峙する力を養うことができた。こうした留学体験こそが、自分を大きく成長させたというのが偽りない実感だ。そのため、現在では1人でも多くの日本人に中国に渡ってほしいという思いから、仕事以外でも、日中友好協会をはじめ様々な組織で交流活動を重ね、日中の相互理解促進に励んでいる。

　時代が進むにつれて、中国は名実ともに大国となった。世界大学ランキングを見ても中国の大学の台頭が著しい状況の中で、2019年度に中国に留学した日本人はたったの7980名、日本人留学生総数の6.9％しかいないのが現実だ。今後中国の隔離政策や円安が落ち着いたら、日本人はどれだけ中国に留学をするだろうか。日本の大学・大学院には数多くの中国人が在籍しており、日本国内でも中国人と交流する機会が非常に多い。だからこそ、より多くの日本人

2017年2月、訪中団の一員として北京創業大街を訪問した際の様子

2017年、日中国交正常化45周年記念イベントに北京語言大学を代表して参加

に中国へ留学してもらうためには、留学のメリットを知ってもらう必要がある。

　先ず留学をすれば現地に住むことができ、現地のインフラ環境を享受し、人々の習慣を知ることができる。もちろん旅行等でも体験できるが、生活拠点を構え、現地の人々と日々の生活をともにするという体験を通じて相手国の文化や思想などを理解し、本当の相手を知ることができる。言葉はもちろん大事だが、その中でも相手の習慣やロジックを理解することで、言葉の壁以上の大きな壁を乗り越えることができる。もちろん日中両国の間には政治や歴史の壁があるかもしれないが、先ずは留学してリアルな中国を知り、民間同士の交流を深めることで、今後日中関係をより強固なものにしていく人材が生まれていくだろう。

　ではこのような留学人材が成長するためには何が必要なのだろうか。今回、政府機関や財団、大学、そして日中の留学を経験した多くの人々への取材を通じて改めて思ったことは、「楽しい」という気持ちが、結果として自分を成長させる大きな要素になっているということだ。北京留学時代、私は日中国交正常化や日中平和友好条約の周年事業には参加していたが、改めて歴史的経緯や「井戸を掘った」先人の功績に触れる機会は少なかった。もしくは意識をしていなかったのかも知れないが、同世代の日中の若者が言葉の壁もなく交流することが楽しかったので、この楽しい輪を広めようと様々なイベントを企画していた。

　コロナ禍でやむなく日本への帰国を余儀なくされたが、帰国後に加入した東京都日中友好協会での活動を通じて、

改めて日中交流活動の意義と必要性を考えさせられた。私は「楽しい」を入口として、これまで様々な活動に携わってきたが、東京都日中友好協会では日本と中国の歴史や中国政府との交流など、北京時代とは別の角度、立場から日中交流に触れるようになった。こうした活動や協会内の先輩方との交流、そしてライターとして行った取材を通じて日中に関する第一人者、諸先輩と接していくうちに、自分自身の日中に対する考え方がより明確になり、同時に「楽しい」の必要性をより強く意識するようになった。

　日中両国の間には様々な問題が数多く存在するが、先ずは日中の若者が「楽しい」と思えるコンテンツを生み出し、そこに触れていく機会を作っていくことが大切である。そのコンテンツを入り口に、相手への興味・関心を高め、最終的には旅行や留学で現地を訪れる。これこそが、日中両国政府が提言する日中青少年交流の促進に繋がるのではないだろうか。そのため、今後は語学以外にも様々なコンテンツを学べる留学を構築していくべきだと考える。また大学等の教育機関で学歴を得る正規留学以外にも、民間企業や総合プログラムを学べる教育施設を日中双方で創造していくことで、より多くの層にリアルな日中両国を知ってもらうきっかけとなるだろう。このような交流を重ねていく中で、相手国への理解を深め合ってから、日中両国の間で話し合うべき問題を民間同士で行うことで、「民を持って官を促す」本当の意味での民間レベルの深い交流が実現できるのではないだろうか。取材を通して私自身が考えた今後の留学のあるべき姿を提言し、本コラムの結びとさせていただく。

元NHK名プロデューサー加藤和郎のしらべもの

月のうさぎは何してる？
～月に寄せる和と華の思い～

文・絵/加藤 和郎

加藤 和郎
かとう かずろう

Profile

NHK報道局でニュース取材・特別番組の制作、衛星放送局では開局準備と新番組開発に従事。モンゴル国カラコルム大学客員教授（名誉博士）。「ニュースワイド」「ゆく年くる年」などの総合演出。2003年日中国交30周年記念（文化庁支援事業）「能楽と京劇」の一環で北京・世紀劇院での「葵上」公演をプロデュース。名古屋学芸大学造形メディア学部教授を経て、現在はミス日本協会理事、日本の寺子屋副理事長、能楽金春流シテ方桜間会顧問、i-media主宰など。

月にあらわれる影。これは、ヨーロッパではカニ、アメリカでは女性の横顔など、国や地域によって見え方はさまざまですが、日本と中国では、「うさぎ」に見立てています。中秋の名月を過ぎ、冴えきった大気の中で月は鏡のように澄んできたように見えます。そこで、「月とうさぎ」の由来や日中の月への共通する想いを和歌や漢詩を通じて綴ります。

中国では不老不死を求める「神仙思想」が古くから信仰されており、仙女である西王母に捧げるための薬を兎が石臼で挽いているのだと言います。それに対して、日本では十五夜の満月を「望月」ということから、「餅搗き」を連想したのではないかという説が知られています。日本では「餅は生命を永らえる食べ物とみなされ、さまざまな儀礼で神に捧げられてきたことから、ごく自然にイメージされたのだと思われます。

うさぎの慈悲深さゆえ、その姿を月に映した

さて、月面の影がうさぎにイメージされるのは視覚的に当然かもしれませんが、なぜ、「うさぎが月にいるのか」は、インドの『ジャータカ神話』に始まります。それは、紀元前にブッダの物語を集めたもので、日本にも伝来して『今昔物語集』や各地の民話となりました。今昔物語集には「三獣行菩薩道兎焼身語」として次のように紹介されています。

（訳文）今は昔、天竺（インド）でうさぎ、キツネ、サルが一緒に暮らしていました。3匹は菩薩の道をめざして毎日修行し、お互いを実の親や兄弟のように敬い合ってい

中国では薬を挽いていて日本では餅をついている

上の絵のうさぎのように黒く見える月の影は、月の「海」と呼ばれる部分。海といっても地球のものとは異なり、水はなく、火山の噴火で噴き出したマグマが低く平らな場所に流れ、冷えて固まったものなのです。暗い海に対して、月の明るい部分は陸と呼ばれます。では、何をしているかというと、中国では「薬を挽いている」と伝えられ、日本では「餅を搗いている」と言い伝えられてきました。

ました。そんな３匹の様子を見ていた帝釈天という神がその行いに感心し、本当に仏の心を持っているのか試そうと考えました。そこで老人に変身して３匹のもとを訪ね、「貧しく身寄りもない自分を養ってほしい」と言います。３匹はその申し出を快く受け入れ、老人のために食べ物を探します。サルは木の実や果物を、キツネは魚をとってきました。ところがうさぎは山の中を懸命に探しても老人が食べるものを見つけることができません。

うさぎは「山は危険がいっぱいだ。このままでは食べ物が見つからないばかりか、自分は人や獣に捕まり食べられてしまう」と考えました。そこである日、「食事を探してくるので火をおこしてほしい」と頼みました。サルとキツネが火をおこすと、うさぎは自分自身を食べてもらおうと火の中へ飛び込み、死んでしまいました。

すると帝釈天は元の姿に戻り、うさぎの慈悲深い行動をすべての生き物に見せるため、その姿を月の中に映したというのです。今も月の中にいるのはこのうさぎで、月の表面の雲のようなものはうさぎが焼け死んだ煙だといわれています。今昔物語ではうさぎは死んでしまいますが、各地に伝わる民話には「火は帝釈天が神通力でおこしたもので涼しく、うさぎは死ななかった」というものや、帝釈天が一度死んだうさぎを生き返らせたというものもあり、物語を伝えた人々の心優しさも感じられます。

月に想いを寄せる 和華共通のこころ

ところで、今年は９月10日が中秋節でした。唐の時代以降、中秋節が国の祝日に制定されると、お月見は庶民の娯楽として徐々に広まり、月を詠じた多くの詩句が残さました。特に"文治主義"によって多くの文化人が生まれた北宋時代の、政治家であり詩人でもあった蘇軾（そしょく：1037-1101）は『中秋月』を次のように詠じています。

暮雲収盡溢清寒
日暮れ時、雲はすっかり消えて、涼風が吹き渡り心地よい

銀漢無聲轉玉盤
銀河には音も無く玉の盆のような月があらわれた

此生此夜不長好
これほど楽しい人生、楽しい夜はずっと続きはしない

明月明年何處看
この名月を、来年は、どこで見るのだろうか。

日本では「月見団子」をお供えしますが、この風習が定着したのは江戸時代からです。十五夜が穀物の収穫時期に重なっているため、お米の粉で月に見立てて作った団子を供えて、無事に収穫できたことに感謝するとともに、翌年の豊作を祈願しました。すすきを添えるのは、稲穂の代わりだと言われています。

平安時代（794年〜1185年）に勅命（天皇からの指示）により国家事業として『古今和歌集』全20巻・1,111首が納められましたが、ここにも同趣の歌があります。

月見れば千千（ちぢ）にものこそ悲しけれ
わが身ひとつの秋にはあらねど （大江千里）

月は世々の形見。月は、はるか昔から現代に受け継がれた形見のようなもので、月を見れば昔のことがしのばれるということわざがあります。日本と中国、つまり"和華共通のこころ"だと納得させられるのは、これらを裏付ける詩歌が膨大にあることからもわかります。和華文化比較は面白く奥が深いですね。

中国万華鏡　第1回

蘇州にて 1984-85

齋藤康一

中国万華鏡　第1回
蘇州にて　1984-85

　これまで多くの海外を訪れましたが、その中でも蘇州は、日本で言えば、松江や金沢のような古都としての趣を感じられます。東京ほど喧噪でなく、田舎というほどでもない。古びた豪奢な邸宅や庭園、運河、名所旧跡が多く、東洋のヴェニスとも呼ばれる人気の観光地とも言えましょう。古城城壁に囲まれた旧市街は、今は世界遺産に登録された古典庭園や、古い町並み等、撮影スポットは尽きません。日本で有名だった「蘇州夜曲」は蘇州を舞台としたセレナーデで、おなじみの方も多いかと思います。

　私が蘇州を集中的に撮影したのは、1984～85年にかけてです。某カメラ企業より写真集出版のオファーを頂き、上海に向かったものの、当時の上海の人々の動きに何か覇気を感じられなく、それならば上海から程近い蘇州を撮ることにしたのでした。

　当時は、文化大革命を経て、改革解放を迎えた頃、上海ほどの活気はなく、おだやかな印象の蘇州は、親しげのある光景のように感じられました。アップでの撮影とミディアムショットとをバランス良く組み合わせたことで、蘇州の町並みの自然らしさが引き出せたものと思っております。

江蘇省　蘇州

前頁写真：
蘇州で最もきれいない橋「楓橋」。夕暮れになると、運河を行き交う船も橋上を往来する人々も逆光を受けてシルエットになる。何度も通い詰め、船の重なりにも配慮しながら撮ったお気に入りの一枚。

左写真：
蘇州には古い歴史を感じた。ある日、洒落た模様の塀窓がある邸宅の軒先に、綿衣に身を包んだ老人が立っていた。白い顎髭をたくわえ、右手に木製ステッキ、左手には水筒。私が子どもの頃にイメージしていた中国が、まさにここにあった。

<ruby>齋藤<rt>さいとう</rt></ruby>　<ruby>康一<rt>こういち</rt></ruby>

1935年、東京に生まれる。1959年、日本大学芸術学部写真学科卒業。在学中より林忠彦、秋山庄太郎氏の助手を務め、その後フリーランスに。週刊誌や月刊誌等に人物写真および、ルポルタージュを多数掲載。これまでに撮影した人物は3000人程。1965年、第一回日中青年大交流に日本写真家協会より参加。1975年、第7回講談社出版文化賞受賞。1988年、日本写真協会年度賞受賞。2014年、第9回飯田市藤本四八写真文化賞受賞。日本写真家協会名誉会員。日本写真協会監事。主な写真集『蘇州にて』『この人この時』『上海'92-'93』『北京'95-'96』『先輩・後輩・仲間たち』『昭和の肖像』『写真家たちの肖像』『歳月中国1965』『40年後再回首』など。個展多数。

中日国交正常化特別記念
「以盆会友 盆栽触れ合いDAY」

2022年6月10日、中日国交正常化特別記念イベント「以盆会友 盆栽触れ合いDAY」が開催された。主催は中華人民共和国駐大阪総領事館、そして本誌33号盆栽特集で取り上げた春花園BONSAI美術館、後援として公益財団法人大阪観光局、公益社団法人2025年日本国際博覧会協会、大阪府日中友好協会が本イベントに携わった。当日は中華人民共和国駐大阪総領事館の薛剣総領事、公益財団法人大阪観光局の溝畑宏理事長、NPO法人大阪日本中国友好協会の青柳明雄理事長、大藪二朗副会長などが来賓として参加した。

本イベントは2部構成に分かれており、前半では主催者側の春花園BONSAI美術館創立者の小林國雄氏と同館長の神康文氏による盆栽講座や盆栽パフォーマンス、そして春花園BONSAI美術館に保管されている1970年の大阪万博で展示された盆栽、万博のシンボルとされた「太陽の塔」がモチーフとされている、岡本太郎氏が所有していたという水石「忘却」、川端康成の直筆書画を東京から運び、1日限定の特別展示を行うと同時に、これらの盆栽関連素材の格付けクイズを行った。後半では20名限定の盆栽体験を実施し、実際に盆栽を触って体験することによって、より

深い盆栽理解の促進をはかった。当日は関係者を合わせれば100名近くの日中両国の関係者が会場に集い、日中両国の共通文化である盆栽に触れながら親睦を深めた。

本イベントは「盆栽」という両国共通の文化を通し、日中両国民に改めて両国文化の近さを認識してもらうと同時に、盆栽を切り口とした新たな日中交流の可能性を探ることも目的の一つであった。今回は半分以上の申込者が20代であり、若者に向けた盆栽文化の発信を通して、新たな青少年交流の形を生み出すことができる可能性があることを示したと言えるだろう。春花園BONSAI美術館館長の神康文氏によると、2025年に大阪で開催される万博に日中両国共同で作成した盆栽等を出展するため、今回は敢えて1970年大阪万博が開催されたパビリオン会場で本イベントを開催したという。そして「今後も引き続き関西エリアで盆栽を紹介し、盆栽体験のイベントを中国駐大阪総領事館と共に開催して、未来の日中盆栽愛好家を増やす啓蒙活動を推進していきたい。最終的には年間を通して安定した日中盆栽交流と2025年の大阪万博に向けた盆栽展示の取り組みやパフォーマンスが行えるようになれば」と今後の期待を語った。

左：薛剣氏 右：小林國雄氏

東京に雲南の風が吹く！
日本初の雲南総合フェスティバル開催！

　2022年7月20日から28日までの9日間、中国・雲南フェスティバルが中国文化センターで行われた。主催は中国・雲南フェスティバル実行委員会、共催は雲南省駐日本（東京）商務代表処、認定NPO法人日本雲南聯誼協会、後援として中国大使館、外務省、雲南省帰国華僑聯合会、雲南省人民対外友好協会など、日中及び雲南省に関連する多くの団体から支援を受けての開催となった。本イベントでは日中国交正常化50周年及び日本雲南聯誼協会設立22周年を記念し、日本と雲南省のさまざまな文化交流を目的とし、会場では雲南省の持つ少数民族文化や数々の世界遺産や特産物等を紹介し、雲南省の認知度向上を図った。

　7月20日の開会式では、中華人民共和国駐日本国大使館の詹孔朝総領事、外務省アジア大洋州局中国・モンゴル第一課の斎藤憲二地域調整官をはじめとする来賓より祝辞が述べられた。また雲南省の少数民族舞踊や少数民族楽器・葫芦絲（フルス）の演奏や、日中国交正常化50周年を記念して認定NPO法人日本雲南聯誼協会青年部の結成式が行われるなど、華々しい内容でフェスティバルの幕開けを飾った。本フェスティバル実行委員長であり、認定NPO法人雲南聯誼協会発起人である初鹿野恵蘭理事長は式場で「日本雲南聯誼協会は今年設立22周年を迎え、日中両国の各界の皆様の絶大なるご支援をいただきながら教育支援に取り組み、今日までに25の小学校を作り、また、およそ1160人の貧困女子生徒の高校教育を支援してまいりました。今回のフェスティバルは協会の教育支援の成果を展示するだけでなく、雲南と日本の青少年交流活動も行います」と語った。

　開幕式以外の土日には特別講座や交流プログラムが用意され、数多くの観客が雲南文化の魅力に触れた。7月23日（土）には著名な在日華人写真家である馮学敏氏による「雲南を見て楽しむトークショー・雲南省の大自然と世界遺産」が開催され、来日してからこれまで13回訪れた雲南省で撮影した素晴らしい作品の数々を参加者と共有した。その後、20日に結成された青年部による日中青少年交流が行われた。青少年交流では「漢字」、「旅行」、「食べ物」の3つのテーマに分かれて、日中青少年が互いの国の魅力を伝えあった。最後には青年部の活動計画や長野県青木村へのフィールドワークの概要が参加者に報告された。

　7月24日（日）は午前中から少数民族衣装の試着体験が行われ、多くの観客が民族衣装を纏いながら記念写真を撮影した。その後は雲南省に関連するクイズを通して、雲南省の魅力を伝えた。その後、専門家による中国少数民族ナシ族の象形文字であるトンパ文字の講座が行われた。トンパ文字の歴史や成り立ちはもちろん、トンパ文字で日本語の単語を書いて推測するゲームなど、多くの観客がトンパ文字の魅力に夢中になった。その後は雲南省の特産であるプーアル茶の美味しい入れ方や、作法などを実演と試飲を通して体験した。最後には雲南省で一番有名な美食と言っても過言ではないキノコの紹介が行われた。松茸、トリュフ、ポルチーニをはじめ、雲南省では250種類ほど食用可能な野生キノコがある。雲南省現地に行った際には是非とも味わって欲しい。

　日中両国の正常な往来が難しい昨今、雲南省と日本はオンラインを通して多くの交流を重ねてきた。定期的に雲南省駐日本（東京）商務代表処が主催する経済関連のフォーラムや、認定NPO法人日本雲南聯誼協会が支援する女子高等学校との交流など、この2年間常に走り続けてきた雲南省の活動が、ついに対面で、フェスティバルという形で開催された。中国国内でも常に上位の観光地である雲南省、この魅力が日本でも注目されることに繋がるのではないだろうか。

認定 NPO 法人雲南聯誼協会青年部立ち上げ式

雲南聯誼協会青年部主催の交流会

雲南特産の名茶を会場で試飲

長野県青木村での Study tour 企画

雲南省特産であるキノコを紹介する交流会

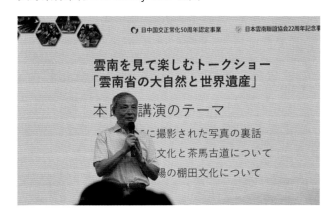

世界華人撮影連盟副主席馮学敏先生によるトークショー

日 中 Information

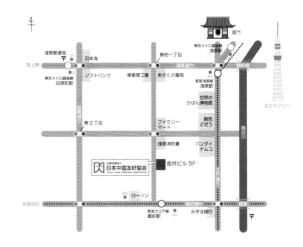

1 公益社団法人 日本中国友好協会

　1950年に創立。日中関係団体の中でも最も古い歴史を持ち、各地に加盟都道府県協会を有する全国組織。日中共同声明と日中平和友好条約の掲げる精神を遵守し、日本国と中華人民共和国両国民の相互理解と相互信頼を深め、友好関係を増進し、もって日本とアジアおよび世界の平和と発展に寄与することを目的としている。

　中国への訪中団の派遣や中国からの訪日団の受入れをはじめ、『全日本中国語スピーチコンテスト全国大会』、日中両国の友好都市間の交流の推進、中国への公費留学生の派遣、会報『日本と中国』の発行等の事業を行っている。

　全国に都道府県名を冠した日中友好協会（県協会）と市区町村を冠した日中友好協会（地区協会）が300あまりの事業・活動を行っている。

🚈 東京メトロ・銀座線「田原町」駅2・3番出口　徒歩7分
　東京都営地下鉄・浅草線「浅草」駅A1番出口　徒歩6分
　都営地下鉄・大江戸線「蔵前」駅A5番出口　徒歩5分

📍 所在地：〒111-0043　東京都台東区駒形1-5-6
　金井ビル5階

📞 TEL:03-5811-1521
　FAX:03-5811-1532

2 一般財団法人 日本中国文化交流協会

　1956年3月23日、中島健蔵(仏文学者)、千田是也(演出家)、井上靖(作家)、團伊玖磨(作曲家)らが中心となり、日中両国間の友好と文化交流を促進するための民間団体として東京で創立された。その活動を通じ、日中国交正常化の実現や日中平和友好条約締結に向けての国民世論の形成に寄与した。創立以来、文化各専門分野の代表団の相互往来を中心に、講演会、舞台公演、映画会、音楽会、文物・美術・書道など各種展覧会、学術討論会の相互開催等の活動を展開している。

　当協会は会員制で、会員は文学、演劇、美術、書道、音楽、舞踊、映画、写真、学術（医学、自然科学、人文社会科学）など文化各界の個人、出版、印刷、報道、宗教、スポーツ、自治体、経済界などの団体・法人を中心とする。月刊誌『日中文化交流』を発行。

※入会ご希望の方は、日中文化交流協会までお問い合わせください。

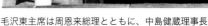

毛沢東主席は周恩来総理とともに、中島健蔵理事長と会見した―1970年10月1日 北京・天安門城楼

📍 所在地：〒100-0005
　東京都千代田区丸の内3-4-1 新国際ビル936区

📞 TEL:03-3212-1766（代表）
　FAX:03-3212-1764

✉ E-mail:nicchu423@nicchubunka1956.jp

🌐 URL:http://www.nicchubunka1956.jp/

イベント情報

3 日本国際貿易促進協会

　1954年に東西貿易の促進を目的に設立された。中国との国交正常化（1972年）までの18年間は両国間の経済交流の窓口となり、民間貿易協定の取り決めや経済・貿易代表団の相互派遣、産業見本市、技術交流などの交流活動を展開してきた。

　国交正常化以降は中国の改革開放、市場経済化の推進に協力。対中投資協力では、企業進出、現地調達・交渉等への人的協力、投資セミナーのサポートをしている。中国との取引や対中進出に欠かせない中国企業の信用調査と市場調査を中国企業とタイアップし推進。中国で開催される工作機械展の取り纏めや日本で開催される各種国際展への中国企業の参加に協力。旬刊『国際貿易』紙や中国経済六法等を発行し情報提供を行っている。

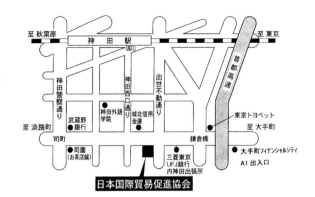

1963年10月1日、天安門楼上で会見。　2016年訪中団汪洋副総理会見写真
する石橋総裁と毛主席

🚉 JR「神田駅」西口より徒歩4分
　　地下鉄「大手町駅」A1出入口より徒歩5分
　　地下鉄「淡路町駅」淡路町交差点より徒歩6分

📍 所在地：〒101-0047
　　東京都千代田区内神田2-14-4
　　内神田ビルディング5階

📞 TEL:03-6285-2626（代表電話／総務部）
　　　　　03-6285-2627（業務本部・編集部）
　　FAX:03-6285-2940　URL:http://www.japit.or.jp

🌐 北京事務所：北京市建国門外大街19号　国際大厦18-01A室
　　TEL:010-6500-4050

4 一般社団法人　日中協会

　1975年9月29日、日中国交正常化3周年の日に「日中問題の国民的合意をつくる」という趣旨のもと、任意団体として「日中協会」が外務省・自民党・経団連を中心に設立された。1981年に社団法人化、2014年に一般社団法人化され、「日本国と中華人民共和国、両国民間の相互理解を深め、もっと両国の友好関係に寄与する」ことを目的として活動している。

　主な活動は日中クラブ講演会、会報の発行、訪中団の派遣、中国帰国者のための協力、中国留学生友の会の活動支援、中国訪日団受け入れ、各種イベントの開催、各地の日中協会との協力など。

向坊隆・第2代会長（右）と鄧小平・党中央軍事委主席（1989年10月）

野田毅会長、王岐山国家副主席と会談　　日中クラブ講演会（2019年11月）
（2019年8月24日）

📍 所在地：〒103-0025
　　東京都中央区日本橋茅場町3-4-3 アンザイビル4階

📞 TEL:03-6661-2001
　　FAX:03-6661-2002

✉ E-mail:jcs@jcs.or.jp

🌐 URL:https://www.jcs.or.jp

5 中国文化センター

中国文化センターは、2008年5月に胡錦濤国家主席が訪日した際、中国文化部と日本外務省が締結した「文化センターの設置に関する中華人民共和国政府と日本国政府との間の協定」に基づき設立。2009年12月14日、習近平国家副主席と横路孝弘衆議院議長により除幕式が行われ、正式にオープンした。

日本人が中国の文化を理解するための常設窓口であり、両国間の文化交流を行うためのプラットフォームであり、相互理解と友好協力関係を促進する架け橋として展覧会、公演、講演会、中国と中国文化の教室、映画上映会などを行い、さらに中国に関する書籍、新聞雑誌、テレビ番組やインターネットなどの情報も提供している。

🚇 日比谷線「虎ノ門ヒルズ」駅A2番出口より徒歩2分
銀座線「虎ノ門」駅2番出口より徒歩7分

📍 所在地：〒105-0001
東京都港区虎ノ門3-5-1　37森ビル1F

📞 TEL:03-6402-8168
FAX:03-6402-8169

✉ E-mail:info@ccctok.com

🌐 URL:https://www.ccctok.com
開館時間：月曜～金曜　10:30~17:30
休館日：土日祝・展示入替作業日・年末年始

※都合により内容が変更になる場合がございます。最新情報は中国文化センターのホームページをご確認ください。

6 公益財団法人　日中友好会館

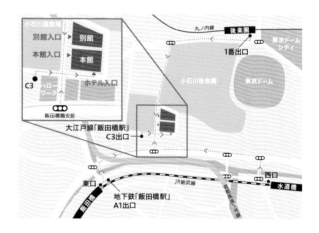

日中友好会館は日中民間交流の拠点として、中国人留学生の宿舎「後楽寮」の運営、日中青少年交流、文化交流、中国語教育・日本語教育を行う日中学院など、さまざまな事業を展開している。日中関係の一層の発展に寄与するため、両国間の記念行事や中国要人の歓迎行事などにも積極的な協力を行っている。

「日中友好後楽会」は、（公財）日中友好会館の賛助組織であり、日中友好会館にある「後楽寮」に住む中国人留学生との親睦を深めるさまざまなイベントを開催し、年1回の中国旅行も行っている。
※賛助会員になり、中国留学生と交流しませんか？ ご興味がある方は、下記までご連絡ください。

【後楽会事務局】 TEL: 03-3811-5305
E-mail: kourakukai@jcfc.or.jp

🚇 都営大江戸線・「飯田橋」駅C3出口より徒歩約1分
JR総武線、地下鉄東西線・有楽町線・南北線「飯田橋」駅A1出口より徒歩7分
地下鉄丸ノ内線「後楽園」駅より徒歩10分

📍 所在地：東京都文京区後楽1丁目5番3号

📞 TEL :03-3811-5317（代表）

🌐 URL:http://www.jcfc.or.jp/
美術館や大ホール、会議室の貸出しも行っています。お気軽にお問い合わせください。

7 ┃ 清アートスペース / 日中芸術交流協会

　清アートスペースは 2017 年 6 月六本木に設立し、昨年より四ツ谷に新しいスペースを構えて移転した。

　企画展、イベントなどを開催し、アートの新たな可能性と地域との繋がりを広める活動をしてきた。アジア現代美術に焦点を絞り、交流事業のコーディネーション、アーカイブ資料の整理や学術的調査研究なども行っている。一方、若手新進アーティストの支援プロジェクトを実施し、グローバル情報発信やアートと社会との繋がりを築くように努めている。

　一般社団法人日中芸術交流協会（JCA）は 2018 年に清アートスペースの代表者関藤清氏によって設立された。当協会は芸術や文化的交流を通じて、日本と中国の相互理解を深めることを目的とし、日中芸術の共栄促進を図っている。各国文化・芸術界で文化推進のために活躍している学者や研究者などの集まりの場となっている。

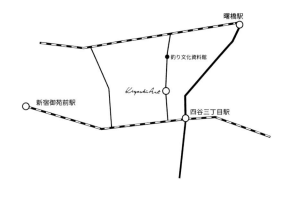

📍 東京都新宿区愛住町 8–16　清ビル
📞 TEL:03-6432-9535
　FAX:03-6432-9536
✉ E-mail:info@kiyoshi-art.com
🌐 URL: www.kiyoshiart.com
　開館時間：水曜日 ~ 日曜日　11:00~19:00
　休館日：月曜日・火曜日

8 ┃ 多元文化会館

　多元文化会館は、東京六本木にある文化交流のための展示・イベントスペースである。当施設は、1 階常設展スペース、2 階多目的ホール、地下 1 階公演ホール、各階の収容人数が最大 120 人、様々な行事やイベントの開催が可能。日中間交流に関わるイベントに限らず、様々な文化の多元性を伝える展覧会や講演会などにも利用いただける。展示だけでなく販売や飲食も可能な文化拠点として、多くの方が集える場を提供している。

　利用目的としては講演会、会議、文化教室、各種展示会、販売会、公演、オークション会、コンサート、懇親会などに使用が可能。

📍 所在地：〒 107-0052
　東京都港区赤坂 6-19-46　TBK ビル 1-2 階
📞 TEL:03-6228-5659
🌐 URL:https://tagenbunka.com/
　開館時間：10 時 ~19 時
　休館日：月曜日、祝日
　入場料：各イベントによって異なる
　※予約には利用申込書が必要ですので、詳しくはホームページをご覧ください。

六本木・赤坂で採れた『生はちみつ』はいかがですか?

弊社ではSDGs事業の一環として屋上でミツバチを飼育しています。ミツバチは、はちみつをつくるだけでなく、多くの花を咲かせ、私たちが普段食べている農作物を実らせてくれる素晴らしい昆虫です。ミツバチからの恵みをぜひご堪能ください。

国産蜂蜜の国内流通量はわずか**6%**

100% PURE HONEY

TOKYO BRAND
六本木の生はちみつ
100% Natural pure honey, made in Japan.
NET 160g

季節のはちみつ(大):2,200円(税込)

TOKYO BRAND
六本木の生はちみつ
100% Natural pure honey, made in Japan.
NET 50g

季節のはちみつ(小):1,100円(税込)

ミツバチ一匹が一生をかけて集められるはちみつはティースプーン一杯程度。
ミツバチの命の一滴をあなたに…。

養蜂担当:SDGs事業部
深大寺養蜂園 杉沼えりか

SUSTAINABLE DEVELOPMENT **GOALS**

弊社はミツバチを通じてSDGsの達成に向けた取り組みも推進致しております。

ASIA-PACIFIC TOURISM

日中文化交流誌『和華』購読方法

書店、電話、メール、購読サイト、QRで注文を承ります。
ご不明な点はお気軽に問い合わせください。
Tel:03-6228-5659　Fax:03-6228-5994
E-mail: info@visitasia.co.jp

電子書籍も発売中！
https://www.fujisan.co.jp/

『和華』購読申込書

バックナンバー購読

『和華』第（　　　　）号
の購読を申し込みます。

新規年間購読

『和華』第（　　　　）号
から年間購読を申し込みます。

受取人名

送り先住所
〒　　－

領収書宛名
（ご希望の場合）

お電話番号
　　　　－　　　　－

メールアドレス

通信欄（ご連絡事項・ご感想などご自由にお書きください）

『和華』アンケート

第35号 特集「GO!日中留学」
※該当する項目にチェックをつけてください。

1. 本号の発売、記事内容を何で知りましたか？
□書店で見て　　　　　□ホームページを見て
□Facebookで見て　　□他の新聞、雑誌での紹介を見て
□知り合いから勧められて
□定期/非定期購読している
□その他

2. 本誌を購読する頻度は？
□定期購読　　□たまたま購読　　□今号初めて

3. 今月号をご購入するきっかけとなったのは？
□表紙を見て
□記事をみて（記事のタイトル：　　　　　　　）

4. 今月号で好きな記事を挙げてください。
□特集（　　　　　　　　　　　　　　　　）
□特集以外（　　　　　　　　　　　　　　）

**5. 今月号でつまらなかった記事を
　　挙げてください。**
□特集（　　　　　　　　　　　　　　　　）
□特集以外（　　　　　　　　　　　　　　）

6. 今後どのような特集を読んでみたいですか？
（　　　　　　　　　　　　　　　　　　　）

**7. 『和華』に書いてほしい、
　　または好きな執筆者を挙げてください。**
（　　　　　　　　　　　　　　　　　　　）

あなたのバックナンバー1冊抜けていませんか？

お問い合わせ：
株式会社アジア太平洋観光社
〒107-0052 東京都港区赤坂 6-19-46
TBK ビル 3F
TEL：03-6228-5659
FAX：03-6228-5994

郵便はがき

107-0052

料金切手を
貼ってください

東京都港区赤坂 6-19-46
TBK ビル 3F
アジア太平洋観光社（内）
日中文化交流誌『和華』編集部
購読係 行

お名前（フリガナ）

年齢　歳（男・女）　ご職業

ご住所

電話番号　　ー　　ー

ご購読新聞名・雑誌名

郵便はがき

107-0052

料金切手を
貼ってください

東京都港区赤坂 6-19-46
TBK ビル 3F
アジア太平洋観光社（内）
日中文化交流誌『和華』編集部
読者アンケート係 行

お名前（フリガナ）

年齢　歳（男・女）　ご職業

ご住所

電話番号　　ー　　ー

ご購読新聞名・雑誌名

和華

草の根外交を目指し、
日中「平和」の「華」を咲かそう！

　小誌『和華』は 2013 年 10 月に創刊された季刊誌です。『和華』の「和」は、「大和」の「和」で、「華」は、「中華」の「華」です。また、「和」は「平和」の「和」でもあり、「華」は、美しい「華」(はな) です。『和華』の名前は、日中間の「和」の「華」を咲かせるという意味が含まれてい ます。その名の通りに、小誌『和華』は、どちらにも偏らず、日中両国を比較 することによって、両国の文化発信、相互理解と友好交流を目指します。

第 34 号（2022.07）

第 26 号（2020.6）

第 27 号（2020.9）

第 28 号（2020.12）

第 29 号（2021.3）

第 30 号（2021.6）

第 31 号（2021.9）

第 32 号（2022.1）

第 33 号（2022.4）

第 18 号（2018.6）

第 19 号（2018.9）

第 20 号（2018.12）

第 21 号（2019.3）

第 22 号（2019.6）

第 23 号（2019.9）

第 24 号（2019.12）

第 25 号（2020.3）

第 10 号（2016.4）

第 11 号（2016.7）

第 12 号（2016.10）

第 13 号（2017.1）

第 14 号（2017.4）

第 15 号（2017.9）

第 16 号（2017.12）

第 17 号（2018.3）

第 2 号（2014.2）

第 3 号（2014.6）

第 4 号（2014.9）

第 5 号（2014.12）

第 6 号（2015.4）

第 7 号（2015.7 ）

第 8 号（2015.10）

第 9 号（2016.1）

和華
第 35 号

特 集 GO! 日中留学

監 修 周 鋒
王 苗
発 行 人 劉 莉生
編 集 長 孫 秀蓮
編集デスク 重松 なほ
企画監修 井上 正順
デザイナー 鄭 玄青
編 集 許 可
校 正 Woman Press
アシスタント Alicia Lee Pau Yee
陳 斯寒
孟 瑩
陳 晶
執 筆 瀬野 清水
加藤 和郎
齋藤 康一
ライター 寺島 礼美
題 字 李 燕生
（北京大学歴史文化資源研究所
金石書画研究室主任）

定価：850円（本体 773円）
『和華』第 35 号 2022 年 10 月 14 日 初版第一刷発行
発行：株式会社アジア太平洋観光社
住所：〒107-0052
東京都港区赤坂 6-19-46 TBK ビル 3F
Tel:03-6228-5659
Fax:03-6228-5994
E-mail: info@visitasia.co.jp

発売：株式会社星雲社（共同出版社・流通責任出版社）
住所：〒112-0012 東京都文京区水道 1-3-30
Tel:03-3868-3275

印刷：株式会社グラフィック
無断転載を禁ず
ISBN978-4-434-31002-7 C0039

留学は世につれ世は留学につれ参考文献：

• 『留学生派遣から見た近代日本関係史』
（大里浩秋・孫安石編著、お茶の水書房、2009 年）
• 『日本と中国』
（日中友好協会発行）
• 《当代中国留学政策研究——1980-1984 年赴日国家公派本科留学生政策始》
（王雪萍著、世界知識出版社）
• 『穿越日本的 " 大同 』
（王敏著、アジア太平洋観光社）
• 「私たちの留学生活〜日本での日々〜」
（ドキュメンタリー映像）
• 『十九歳の東京日記』
（矢吹晋編著・鈴木博訳、小学館文庫、1999 年）
• 『旅日』2022 春季刊 " 中日邦交正常化 50 周年 " 記念特集
（アジア太平洋観光社）
• 「2018（平成 30）年度日本人学生留学状況調査結果」
（独立行政法人日本学生支援機構（JASSO））
• 「2020（令和 2）年度外国人留学生在籍状況調査結果」
（独立行政法人日本学生支援機構（JASSO））